KB264707

天符經

천부경

신(神)이 길을 걷는 우주진화(宇宙進化)의 원리(原理)

신(神)이 길을 걷는
우주진화(宇宙進化)의 원리(原理)

천부경

초판 1쇄 인쇄 2014년 10월 22일

지은이 한상영
발행인 김재홍
디자인 이호영, 박상아
교정·교열 안리라
마케팅 이연실

발행처 도서출판 지식공감
등록번호 제396-2012-000018호
주소 경기도 고양시 일산동구 견달산로225번길 112
전화 02-3141-2700
팩스 02-322-3089
홈페이지 www.bookdaum.com
전자우편 book@bookdaum.com

가격 10,000원
ISBN 979-11-5622-045-9   13150

CIP제어번호 CIP2014029746
이 도서의 국립중앙도서관 출판시 도서목록(CIP)은 e-CIP 홈페이지(http://www.nl.go.kr/ecip)에서 이용하실 수 있습니다.

ⓒ 한상영, 2014, Printed in Korea.

- 이 책은 저작권법에 따라 보호받는 저작물이므로 무단전재와 무단복제를 금지하며, 이 책 내용의 전부 또는 일부를 이용하려면 반드시 저작권자와 도서출판 지식공감의 서면 동의를 받아야 합니다.
- 파본이나 잘못된 책은 구입처에서 교환해 드립니다.
- '지식공감 지식기부실천' 도서출판 지식공감은 창립일로부터 모든 발행 도서의 2%를 '지식기부실천'으로 조성하여 전국 중·고등학교 도서관에 기부를 실천합니다. 도서출판 지식공감의 모든 발행 도서는 2%의 기부실천을 계속할 것입니다.

天符經

천부경

신神이 길을 걷는
우주진화宇宙進化의 원리原理

한상영 지음

지식공감

일러두기

-. 이 책의 원전은 같은 이름의 『신이 길을 걷는 우주진화의 원리, 천부경』이다. 원전은 「해제」, 「서론; 우주진화와 변화 사이의 경계, 인간」, 「5개의 장-1장; 천부경의 본심론/ 2장; 천부경의 구조적 원리와 해석체계/ 3장; 천부경의 원문해설/ 4장; 천부경론소. 인간과 신(神), 지구와 우주 그리고 절대무/ 5장; 역경과 도덕경으로 찾아가는 길, 천부지도(天符之道)」, 「부록; Ⅰ.천부경의 사상, Ⅱ.천부경의 수(數)」로 구성되어 있다. 이 책은 그중에서 「해제」와 「3장; 천부경의 원문해설」을 토대로 제작되었다.

-. '홍익인간' '재세이화'는 한국의 고대국가인 고조선 건국 (기원전 2333년) 시부터 현재의 한국까지 이어지고 있는 건국이념이자 통치철학이다. 한국 고유의 인간철학이자 공동체 의식인 '홍익인간' '재세이화' 는 천부경의 우주원리에 의해 완성된 세계관이다.

  • 홍익인간(弘益人間): 홍익인간에는 '널리 인간을 이롭게 한다'는 역할로써의 의미가 있고, '널리 인간을 이롭게 하는 인간'이라는 존재적 의미가 있다. 천부경에서 본심(本心)을 지닌 인간의 존재적 상징이 홍익인간이고, 다른 인간들을 본심(本心)을 지닌 상태로 만들어가는 것이 그 역할이다.
  • 재세이화(在世理化), 이화세계(理化世界): 재세이화는 '세상을 인간이 홍익인간으로 진화되는 우주원리에 부합하도록 만드는 것'이고, 이를 통해 '널리 인간을 이롭게 하는 홍익인간'으로 채워진 세상이 이화세계이다.

-. 경문(經文)의 사용은 묘향산 석벽본을 따르며, '궤'의 한자표기는 혼용되고 있는 '匱'와 '櫃' 중 '櫃'를 사용하였다.

目 ^목
次 ^차

왜,
지금 천부경을
읽어야 하는가?

[천부경(天符經) 해제]
왜, 지금 천부경을 읽어야 하는가?

세상에 갇힌 인간(人間)

세상은 인간을 위해 인간이 만들고, 인간만이 공유하는 인공의 천지간(天地間)이다. 인간의 세상이 만들어지는 과정에서 인간의 의식은 신(神)과 우주(宇宙)로부터 분리되었다. 세상적 삶에 필요한 선택만을 거듭했기 때문이다. 이 과정에서 문명(文明)과 종교(宗敎)가 세상의 두 축으로 자리 잡았다. 문명(文明)의 지성(知性)이 지구적 존재로서의 삶을 가르침으로써, 우주적 진화가 아닌 지구적 변화에 인간이 갇히게 되었다. 여기에 종교가 신(神)을 대신함으로써, 신(神)과 이어진 존재적 진화의 끈도 끊어졌다. 우주가 지구를 만들어 인간을 운행의 주체로 선택한 과정과 목적이 잊혀진 것이다. 이러한 과정을 거치면서 우주와 인간을 잇던 정신(精神) 역시 변질되었다. 지구와 인간을 잇는 지구적인 것으로 축소되었다가, 결국 인간과 인간을 잇는 세상적인 것으로 고착되었다. 인간 스스로 우주와 연결된 고리를 풀어버리고, 지구 안의 섬인 세상을 인간의 전부로 삼은 것이다.

　우주는 우주의 무(無)로 무(無)인 상태의 지구를 만들었다. 그리고 지구를 운행시켜 우주의 목적에 부합하는 역할을 행할 존재로 인간을 생겨나게 했다. 그 목적이 천부경(天符經)에서 말하는 신(神)의 길을 걷는 우주진화의 원리이다. 인간이 세상에 갇히면서 어긋났던 그 길로 되돌아 갈 수 있도록 돕는다. 천부경은 여든한 자의 경문만으로 우주와 지구 그리고 인간의 생겨남과 목적, 인간이 걸어가야 하는 진화(進化)의 과정 전체를 설명한다. 천부경이 이처럼 짧은 경문으로 명확한 원리만을 남긴 것은 이런 원리가 단절되지 않도록 하기 위함일 것이다. 이것은 인간에게 존재적으로 부여된 명확한 목적이 있다는 의미이고, 그 목적에 따른 길을 보여준 것이 부처·예수·노자이다. 이것은 우주적 진화의 길이고, 인간에게 이 진화의 길은 마침(終)으로 신(神)이 되는 길이 된다. 인간이 그 길을 잊고 세상에 갇혀 있음에도 멸종되지 않은 것은 온전히 신(神)이 된 사람들 덕분이다.

　인간은 그들을 지구적 신(神)으로 삼았다. 그리고 그 신(神)을 좇아 살아가며 쓰일 뿐, 그들처럼 우주적 원리를 좇아 신(神)이 되고자 하지 않는다. 세상에 갇힌 시간이 본래의 신

　　　　신(神)이 길을 걷는 우주진화(宇宙進化)의 원리(原理), 천부경(天符經)

성(神性)인 마음(心)을 잃게 만들었기 때문이다. 그래서 거의 모든 사람에게는 마음의 자리만이 남아있다. 인간은 지구 안에서 우주에 부합되는 길에 적합하게 진화된 유일한 존재다. 우주에 지구가 생겨나고, 지구에 다시 인간이 생겨난 것은 명확한 우주적 목적에 의한 것이기 때문이다. 그 목적인 진화의 순수성을 지킨 인간이 부처와 예수, 노자가 된 것이다. 천부경은 그 길을 걷는 원리를 명료하게 보여준다. 우주의 목적에 부합되는 유일한 존재로 선택된 순간부터, 인간의 존재적 역할은 선택의 문제가 아니다. 그런 까닭에 '세상에서의 나'는 '신(神)으로 진화되는 인간으로서의 나'에게 주어진 생(生)의 기회이고, 세상에 갇힌 인간이 스스로 그 경계 밖으로 나와 존재성을 회복해야 한다.

세상의 무기, 생존(生存)

인간의 세상은 크게 '문명(文明)에 기반한 세상'과 '정신(精神)에 기반한 세상'으로 나뉘어져 있다. 인간은 문명과 정신이 가르친 두 가지의 세상 사이를 전체로 알고 살기에 존재적 삶을 자각할 수 없다. 이 극과 극의 두 세상은 인간을 위한 것이라고 주장한다는 점, 인간이 선택할 수 있는 모든 것이라고 가르쳐 인간을 지배한다는 점, 인간을 자립할 수 없기에 돌봐주어야 하는 불쌍한 존재로 여긴다는 점, 마지막으로 그 세상이 신(神)도 우주도 아닌 인간이 만들어낸 지구 안의 아주 작은 세상에 한정된다는 공통점을 공유한다. 오랜 시간 인간은 자발적 종속에 의한 자기억제를 반복함으로써 기준들을 만들어 냈고, 세상이 전부라는 믿음을 사실로 공유하게 된 것이다. 세상이 인간에게 생존(生存)에 대한 두려움을 지니도록 만드는 것에 성공했기에 가능한 일이었다.

생존(生存)은 문명(文明)과 종교(宗敎)로 대변되는 세상이 인간에게 가르친 것이다. 생존은 죽음을 인간의 의식영역으로 끌어들이는 도구이다. 본래 인간에게 생존과 죽음은 삶의 당연한 과정에 불과했다. 문명과 종교에 의해 의미가 부여되면서 특별해진 것이다. 문명은 인간을 생존의 가치를 위한 경쟁에 나서도록 하고, 종교는 생존에 무상(無常)과 순종으로 무늬(文)를 입혔다. 이 과정을 통해 인간의 생(生)에 극과 극의 기준이 고착화되었고, 생존의 욕망과 죽음의 두려움이 뒤섞이면서 삶에 집착하게 되었다. 본래 인간에게 생존이란, 목적이 아닌 거듭 주어지는 기회에 불과한 것임을 잊도록 만든 것이다. 이처럼 의식의 본말(本末)이 전도되면서 인간의 의식은 세상에 한정되어 자유를 잃었다. 그런 까닭에 인간이 이 두 세상에 의지하는 한, 절대로 인간의 길을 자유롭게 살아갈 수 있는 의식수준에 다다를 수 없다.

 신(神)이 길을 걷는 우주진화(宇宙進化)의 원리(原理), 천부경(天符經)

인간은 문명(文明)과 종교(宗敎)의 이러한 속성과 원리를 수천 년 동안 발전시켜 왔다. 세상 속의 지성인과 종교인들은 그 의식의 정점에 위치한 사람들이다. 그런 까닭에 인간의 길을 걸어 신(神)이 된 부처·예수·노자들이 남긴 경전(經典)과 가르침들을 그대로 전달하기 어렵다. 세상이 정한 질서에 익숙해진 인간의 의식수준으로는, 의식의 출발점과 목적이 다른 그들의 본질을 이해할 수 없다. 이는 인간이 지구의 중심적 존재가 된 이유와 우주에 지구가 생겨난 원리를 알 수 없다는 것을 의미한다. 더 이상 신(神)이 된 인간이 나오지 못하는 지구적 현실이 그것을 증명한다. 인간의 경계가 된 이 두 세상의 한계가 분명해진 것이고, 우주는 스스로 바로잡을 수 있도록 인간에게 휴가를 주었다. 인간은 인간이라서 의미가 있는 것이 아니다. 우주적 목적에 부합되는 존재로 선택되었기에 지구적으로 의미가 있는 것이고, 그것을 지속할 수 있을 때 우주적 존재가치가 있음을 깨달아야 한다. 이처럼 인간의 길은 세상에서 찾을 수 없다. 인간의 존재적 의미에서 그 길을 찾아야 하고, 고전(古典)과 경전들이 그 길의 모범답안을 보여준다. 이를 통해 인간(人間)의 존재적 가치와 진화적 의미에 집중해야 한다.

인류의 휴가 끝내기

　세상의 크기는 독립되어 고정된 시공(時空)인 지구의 안정성에 큰 영향을 미친다. 세상이 커질수록 지구는 본래의 존재적 목적을 지속하기 어려워지고, 인간의 의식은 지구와 우주로 확장되지 못하게 된다. 이로 인하여 인간과 인간, 인간과 지구는 같은 목적을 지닌 공존과 협력의 관계에서 경쟁과 지배의 관계로 변질된다. 문제는 문명(文明)과 종교(宗敎)가 한계에 다다르면 더 이상 인간에게 매력적인 대안을 제시해 줄 수 없다는 점이다. 인간의 존재적 가치는 사라지고, 존재적 숫자는 최대에 다다른 지금이 그 한계점이다. 한계점에 다다른 인간은 진화가 가능했던 존재로 돌아가는 방법 외에는 대안이 없다. 그런 까닭에 세상에서 해답을 기대할 수 없음을 자각한 인간들은 우주로 연결된 의식의 길을 찾기 시작했다. 서양(西洋)을 중심으로 일어나고 있는 신(神)과 우주(宇宙), 영성(靈性)과 의식혁명에 관한 문제제기가 그 증거이다. 그러나, 자체적으로 해결할 수 있는 대안을 지니지 못했기에 외계문명 등에 의지하는 것이 주류를 이루고 있을 뿐이다. 그럼에도 인간이 문명의 고정관념과 지배력에서 벗어나 우주와 소통하고자 하고, 종교와 상관없이 신(神) 그 자체를 직면하고자 하기 시작한 것은 분명하다.

　신(神)이 길을 걷는 우주진화(宇宙進化)의 원리(原理), 천부경(天符經)

이제 신(神)이 된 인간들 덕분에 인류가 보내던 휴가는 끝났다. 인간은 지구에서 존재적 가치와 기회를 유지하던 본래의 길을 걸어야 하고, 문명과 과학의 편리를 넘어선 우주적 신성(神性)을 좇아야 한다. 세상에는 이와 관련된 정보들이 그 어느 때보다 넘쳐나고 있다. 더 이상 문명과 종교 그리고 변화에 맞추는 관성적 삶으로는 대안을 찾을 수 없다. '지구에 생존하기 위한 것'이 아니라 '지구에 생존하게 된 이유'를 좇아, 인간이 생겨난 본래의 목적에 부합하는 생존의 기회와 의식의 뿌리를 바로 잡아야 한다. 이를 위한 유일한 대안은 한정된 시공(時空)에서의 변화가 아니라, 시공의 경계를 넘어가는 우주적 진화의식으로 살아가는 것이다. 그것을 천부경(天符經)은 지구적 무(無)에 기반한 존재인 인간에서, 우주적 무(無)에 기반한 존재인 신(神)으로의 진화라고 가르쳐준다. 인간이라는 존재의 본래 역할을 천부경에서 찾을 수 있는 것이다. 비전(秘傳)으로 전해지던 천부경이 100여 년 전에 세상에 그 실체를 드러낸 까닭 역시 이러한 큰 흐름 안에 있다.

천부경의 가치

인간은 본래 자연과 세상, 신(神)과 인간, 우주와 지구라는 경계를 지닌 적이 없었다. 모든 것이 하나의 본(本)과 길로 연결되어 있었다. 지구 상의 신화들에 그 흔적들이 그대로 남아있다. 그런 까닭에 진화의 끝에 다다라 마친 인간의 생겨남이 가능했다. 천부경(天符經)은 그런 상태의 우주와 지구, 인간의 존재성과 목적에 대한 내용을 신화가 아닌 완전한 원리의 형태로 담고 있는 경전이다. 경계가 없는 하나의 시공(時空)으로 우주와 지구, 신(神)과 인간이 이어진 원리를 보여준다. 그것이 가능한 이유는 이 모든 것이 하나의 무(無)로 이루어진 것이기 때문이다. 하나의 무(無)가 우주와 지구, 인간이라는 목적에 부합하는 시공(時空)과 존재로 자리잡은 것이다. 그런 까닭에 만물적 존재에서 지구적 존재로, 다시 우주적 존재로 인간이 넘어간다고 천부경이 가르칠 수 있는 것이다.

이처럼 지구와 인간이 만들어진 것과 인간의 존재성과 목적에 관한 원리를 하나로 보여주는 것은 천부경(天符經)뿐이다. 부처·예수·노자들은 그 원리를 따라 우주적 무(無)인 신(神)이 되었다. 그러나, 그들의 가르침들과 인간의 욕망이 뒤섞여 만들어진 정신(精神)과 문명(文明)은 그 길과 어긋났다. 그 길로 다시 돌아가기 위해서는 완전한 지도와 명분이 필요하고, 이것이 천부경이 지닌 가치의 근간이다. 천부경이 전하는 것은 인간이 두려움을 지니기 전에 살아

    신(神)이 길을 걷는 우주진화(宇宙進化)의 원리(原理), 천부경(天符經)

가던 본래 모습이고, 인간만의 세상에 갇히기 전에 좇았던 본래의 밝음이다. 천부경(天符經)은 인간에게 하늘, 즉 우주적 목적에 부합하는 삶이 있다는 사실을 자각하도록 만든다. 그것은 세상이 가르치는 '잘사는 것'이나 '오래 사는 것', '죽음을 기다리는 것'과는 전혀 상관없는 진짜 인간의 길이다. 인간이 생(生)을 '목적'이 아니라 '기회'로 활용하던 삶을 회복하는 것이다.

인간은 삶의 목적을 자기를 위한 것으로 온전하게 사용할 수 있어야 한다. 이를 위해 태어남과 동시에 갇힌 의식의 경계를 넘을 수 있도록 돕는 도구가 필요하고, 천부경은 그 역할에 적합한 경전이다. 세상과 종교를 통하지 않고 신(神)과 우주를 직면하는 것으로 의식의 출발점인 뿌리를 바꾸는 것이다. 이를 통해 인간이 종교나 문명, 문화와 지식을 통해 배운 것과 다른 목적을 지닌 존재임을 보여준다. 인간 존재성의 본질을 되찾기 위한 의식전환의 근거를 찾는 것이다. 지구적 진화를 인간을 중심으로 설계한 까닭을 수용한다면, 현재의 생(生)에 부합되는 기회를 잃지 않을 수 있다. 인간에게 이러한 과정은, 진보가 아니라 퇴보된 것을 바로잡는 것이다. 신(神)이 된 사람들이 남겨놓은 과거의 경험을 넘어서지 못하는 인간의 현실이 그것을 증명한다. 신(神)의 길을 걷던 본래의 의식수준으로 돌아가는 것은 인간의 존재가치를 회복하는 것이다. 천부경은 이 전환된 의식의 뿌리가 되고, 그 줄기이자 열매가 역경(易經)이나 도덕경(道德經)과 같은 경전들이 된다. 이처럼 천부경은 인간의 존재적 뿌리와 우주에서 인간의 가치를 증명하는 유일한 경전이라 할 수 있다.

천부경의 유래와 논란

천부경(天符經)은 모든 문명(文明)과 종교(宗敎)로부터 자유로운 인간과 무(無)로 상징되는 신(神)의 본질에 대해 이야기한다. 우주가 존재하는 원리이자 존재하게 된 이유이고, 인간이 주인공이 되어 걷는 진화의 여정이다. 인간에게 신(神)의 길을 걷는 우주진화 원리를 전하고 있는 경전인 천부경이, 지금의 인류에게 절대적으로 필요한 까닭이다. 본래 인간의 의식은 지구에서 우주로 열려 있었다. 그런 까닭에 그때 인간의 의식은 태양과 수많은 별의 신(神)을 좇았다. 지금처럼 지구 안의 신(神)을 좇는 것조차 버거워 하는 존재가 아니었다. 이렇게 끊어져 버린 의식의 뿌리를 천부경은 온전한 모습으로 되살려 놓고 있다. 인간이 지구에 생겨난 목적을 잊고 사는 것은, 생(生)과 사(死)를 거듭하는 과정을 의미 없는 것으로 만든다. 인간의 삶에는 분명한 목적

 신(神)이 길을 걷는 우주진화(宇宙進化)의 원리(原理), 천부경(天符經)

이 있고, 스스로 그 길을 걷고자 해야 한다.

천부경(天符經)은 81자로 이루어진 한민족 최고의 경전(經典)으로 우주운행의 원리를 담고 있다. 전하는 바로 천부경의 시초는 환국(桓國)시대 환웅(桓雄)이 신지(神誌) 혁덕(赫德)에게 고대문자인 녹도문(鹿圖文)으로 적도록 한 것이고, 현재의 천부경은 단군(檀君)시대에 전서(篆書)로 이어지던 것을 신라시대의 최치원(崔致遠)이 태백산에서 발견한 단군전비(檀君篆碑)를 한자(漢字)로 옮긴 것이다. 이러한 천부경이 세상에 알려진 계기는 수도자인 계연수(桂延壽)가 1917년 묘향산 석벽에 새겨진 천부경 81자를 발견하여 단군교(檀君敎)에 전한 것에서 기인한다. 천부경의 원문 또는 명칭이 담겨있는 문헌에는 태백일사(太白逸史), 삼성기(三聖記), 단군세기(檀君世記), 단기고사(檀奇古史), 삼국유사(三國遺事), 천을진경(天乙眞經), 농은유집본(農隱遺集本) 등이 있다. 천부경에는 묘향산 석벽본(石壁本)·최고운 사적본(事蹟本)·태백일사본·노사전본(盧沙傳本) 등이 있으며, 묘향산 석벽본이 통행본으로 사용되고 있다.

천부경(天符經)의 경문은 판본에 따라 몇몇의 글자가 조금씩 다르다. 경문의 구조는 동일하고, 의미적 차이는 거의 없다. 천부경에는 근거의 불명확함에서 오는 위경(僞經) 논란이 존재한다. 천부경에 대한 문헌학적 근거(根據)가 많지 않고, 신뢰도에 대해 지속적으로 문제가 제기되고 있기 때문이다. 이는 20세기에 갑골문(甲骨文)이 발견되기 전까지 존재하던 논란의 형태와 크게 다르지 않다. 갑골문 역시 같은 이유로 19세기까지 논란의 대상이었다. 마찬가지로 그 시대의 역사와 문화에 대한 논란도 끊이지 않았다. 이는 근거를 통해서 사실을 받아들이는 방식의 한계를 보여준다. 그럼에도 시기와 문헌, 주도적 사관(史觀) 등의 학문(學問)적 근거로 살피는 방식이 여전히 주요한 도구로 활용되고 있다.

천부경(天符經)은 고대(古代)의 당연한 원리가 이어지는 과정에서 비전(秘傳)적 성격을 지니게 된 것이다. 또한 경문 전체가 81자로 짧고 단순하여, 전승이나 교육을 위해 문헌적 형태를 지닐 필요가 없다. 천부경의 위경(僞經) 논란은 이러한 특성에 대한 이해의 부족, 변화된 정신(精神)에 의해 낮아진 의식수준이 경전의 진리나 사실을 직관적으로 수용하는 법을 잃었기에 생기는 것이다. 천부경의 구조와 원리를 이해할 수 있다면, 홍익인간(弘益人間)과 재세이화(在世理化)라는 오래된 전통과 그 뿌리가 같은 것임을 알 수 있다. 인간이 쌓아온 믿음이나 지식으로 검증되는 진실은 많지 않다. 특히 갑골문(甲骨文)이나 천부경(天符經)과 같은 고대 전통의 경우 더욱 그렇다.

 신(神)이 길을 걷는 우주진화(宇宙進化)의 원리(原理), 천부경(天符經)

인간의 세상이 우주적 삶에서 지구적 삶으로, 다시 인간적 삶으로 축소되면서 의식의 한계가 커졌다. 본래의 우주적 밝음 대신 인간이 만든 밝음을 기준으로 바라보기 때문이다. 다행히 천부경에는 경전을 검증할 홍익인간(弘益人間)과 재세이화(在世理化)라는 죽지 않는 뿌리(根)가 있다. 천부경은 인간을 위한 경전이다. 인간이 이 우주에 존재하게 된 이유와 그에 부합되는 인간의 길을 가르치기 위한 교과서이다. 홍익인간(弘益人間)과 이화세계(理化世界)의 이념이 천부경에서 나왔다는 주장을 검증함으로써, 본래의 용도를 되찾는다면 위경(僞經) 논란은 자연스럽게 사라질 것이다. 이는 인간이 생겨난 뿌리의 본질에 부합된 것으로 진위(眞僞)를 밝히는 학문(學問)의 본래 방식이다. 인간은 이런 과정을 통하여 세상의 지식들 중에서 바른 것을 찾아내야 하고, 그것을 좇아 본래의 원리를 밝히는 힘을 키워야 한다. 천부경의 우주진화 원리는 그것의 기준이 되어줄 수 있다. 마음이 저절로 밝음을 향해 있는 인간의 본래 모습을 되찾는 여정에 적절한 나침반이자 교재인 것이다.

천부경(天符經)의 원리

천부경(天符經)은 인간이 하늘의 원리를 좇아 독립된 하나

(一)의 상태인 무(無)의 존재에 다다르는 길을 가르치는 경전이다. 지구가 일시무시일(一始無始一)로 우주에서 무(無)인 상태로 독립하는 원리가 인간에게 적용되는 것이다. 다만 지구가 하나로 비롯되어(一始) 우주에서 독립하는 것이라면, 인간은 일종무종일(一終無終一)로 하나가 되어 지구에서 우주로 돌아간다는 차이가 있다. 이러한 원리와 과정을 거치는 것이 인간의 본래 목적임을 전하고자 하는 것이 천부경이다. 하나(一)는 독립된 시공(時空)을 지닌 존재를 의미한다. 크게는 우주가 하나이고, 지구가 하나이다. 그러나, 인간은 우주나 지구처럼 온전한 하나가 아니다. 인간이 지구와 같은 크기의 인중천지일(人中天地一) 상태가 되어야 하나가 되고, 이 온전하게 하나인 상태의 인간을 가리켜 신(神)이라 한다. 신(神)이 되어야 비로소 우주와 지구처럼 자체의 시공(時空)으로 인간들을 품는 하나가 된다. 이러한 천부경의 우주적 진화는 각각의 시공(時空)이 무(無)에 의지하는 상태로 이어져 있기에 가능하다. 우주와 지구는 터전으로 작용하고, 인간은 그 위에서 스스로의 존재적 진화를 통해 지구적 존재에서 우주적 존재로 진화해 간다.

존재란 우주의 원리에 부합하는 역할을 지니는 것이다. 고로 각각의 하나(一)는 존재성(存在性)을 지닐 뿐 상대성(相對性)은 존재하지 않는다. 상대성은 지구라는 시공(時空)과 존재 안에서 일어나는 변화를 설명한다. 이는 보여지는 것과 보이지 않는 것으로 이루어진 무(無)의 존재성과는 다른 원리이다. 그런 까닭에 무극(無極)이나 태극(太極), 음양(陰陽)과 오행(五行)은 우주적 진화과정에 존재하는 지구가 운행되는 자체적 변화원리에 한정되는 것으로 이해해야 한다. 이러한 상대성에서 벗어나 개별적 존재성을 자각하지 못하면, 인간은 우주적 진화를 경험할 수 없음을 천부경은 명확히 한다. 우주적 진화원리를 따르는 역경(易經)과 도덕경(道德經)이 상대성의 원리나 개념이 아닌 존재성과 역할로 설명하는 것 역시 같은 이치이다. 이는 존재가 같은 형질인 무(無)에 기반하고 있기에 상대성이 있을 수 없다는 의미이다. 하나의 시공은 자기를 만들어낸 큰 시공을 의지해서만 생존할 수 있고, 지구가 우주의 목적에 부합되는 역할대로만 운행됨을 알 수 있게 한다. 인간 역시 이와 같은 원리로 지구의 목적에 부합되도록 운행된다. 이를 통하여 우주의 목적이 시공이 아니라, 그 안의 존재에 있는 것임을 알 수 있다. 천부경은 무(無)로 이어진 우주와 지구, 인간이 단순히 유지하기 위해 존재하는 것이 아님을 명확히 한다.

무(無)

천부경(天符經)에서 무(無)는 우주의 존재원리이다. '무(無)에서 비롯된 하나(一始)'가 '무로 비롯된 하나(無始一)'를 만

들고, 이 '무로 비롯된 하나(無始一)'가 운삼(運三)이라는 운
행의 과정을 거쳐, '마침(一終)'으로써 '새로운 하나의 무인
상태(無終一)'가 되는 내용과 진화원리를 담고 있는 것이 천
부경이기 때문이다. 무(無)에서 비롯된 존재가 그 무(無)와
같아지는 것이다. 천부경의 무(無)는 '있음과 없음(有無)'의
무(無)가 아닌 존재의 본질이다. 천부경이 무(無)인 상태로
시작해서 무(無)인 상태로 끝나는 이유이다. '무(無)에서 비
롯된 하나(一始)'는 절대무(絶代無)에서는 우주가 되고, 우주
에서는 지구가 되며, 지구에서는 각각의 만물(萬物)이 된다.
지구가 그 만물 중에서 진화에 적합한 존재로 선택한 것이
인간(人間)이다. 우주에서는 모든 것이 무(無)이고, 시공(時
空)과 존재에 따라 그 무(無)의 형질이 다른 것이다. 고로 그
침(死)과 마침(終)에 따라 무(無)의 형질과 시공(時空)이 달라
짐일 뿐이다. 인간은 무(無)에서 비롯된 하나(一始)인 지구
를 만든 무(無)를 상징하는 태양의 밝음을 좇아(太陽昻明),
우주가 지구를 만들었을 때와 같은 무(無)인 상태의 인중천
지일(人中天地一)에 다다르게 된다. 이는 '무로 비롯된 하나
(無始一)'가 마침(一終)으로 일시(一始)한 지구와 같은 십(十)
의 크기가 된 것이기에, '무로 마친 하나(無終一)'라고 하는
것이다. 일시무시일(一始無始一)의 무(無)와 일종무종일(一
終無終一)의 무(無)가 의미적으로는 같지만, 그 형질은 진화
를 거쳐 완전히 달라진 것을 상징하게 된다. 인간은 이렇게

무종일(無終一)에 다다른 인간을 신(神)이라 부른다.

본(本)

본(本)은 하나(一)가 완성된 상태를 상징한다. 인간은 본심(本心)에 다다라야 비로소 완성된 상태인 우주와 지구에 이어질 수 있다. 천부경(天符經)은 우주가 지구를 위해 심어둔 우주적 본(本)으로 태양(太陽)을 상정한다. 그런 까닭에 지구는 이 태양의 밝음을 좇아(昻明) 살아간다. 이렇게 일시(一始)한 지구의 본(本)은 석삼극(析三極)의 삼극(三極)이다. 지구는 우주가 지구를 만든 것과 같은 원리로, 본(本)인 삼극(三極)에 의지하는 천지인(天地人) 삼재(三才)를 만들어 우주가 지구를 운행시키듯 운행한다. 그 운행의 결실인 인간이 본(本)을 지니게 된 상태가 본심(本心)이다. 이는 우주가 하나인 지구를 머금고 있는 것과 같은 원리로 지구가 하나인 인간을 머금고 있는 것이다. 이처럼 우주와 지구, 인간은 본(本)인 상태에서 하나로 이어진다. 그때부터 인간은 우주의 목적에 부합되는 존재로서 살아가게 된다. 천부경은 그 목적을 지구를 통해 지구와 같은 크기의 존재를 진화시키는 것임을 보여준다. 이와 같이 본(本)을 통한 진화는 어머니(母)가 본뜬(母) 자식(子)이 어머니(母)가 되는 이치와 같다.

심(心)

　심(心)은 지구적 진화(進化)의 완성을 상징한다. 그 진화의 대상으로 선택된 것이 인간(人間)이다. 천부경(天符經)에서 마음(心)은 목적이나 결과가 아니라 태양의 밝음을 좇아 인중천지일(人中天地一)로 마치기 위한 과정이다. 본심(本心)과 인중천지일(人中天地一)의 차이는 삼극(三極)과 천지인(天地人)에 있다. 본심은 천지인 삼재(三才)가 하나가 된 것이고, 인중천지일은 삼극(三極)이 하나가 된 것이다. 삼극(三極)은 삼극의 속성을 본떠 삼극(三極) 중 한 극(極)에 천지인(天地人)을 만들었다. 이 과정에서 인간이 선택되었고, 생칠팔구(生七八九)의 과정을 거치면서 마음(心)을 지니는 것으로 완성된다. 이는 천지인(天地人)이 하나(一)로 합쳐진 것으로 인간이 삼극 중 한 극(極)의 상태가 된 것이다. 이 상태에서 태양(太陽)의 밝음을 좇음(昴明)으로써, 삼극(三極)의 남은 두 극(極)이 인간 안에서 다시 하나로 합쳐진 것이 인중천지일(人中天地一)인 것이다. 우주는 태양(太陽)을 통하여 일시(一始)한 지구가 존재의 목적을 잃지 않게 하고, 지구는 인간을 본심(本心)으로 완성시켜 마침(終)에 다다르게 한다. 이처럼 지구와 우주의 진화적 분기점이 인간이 본(本)으로 마음(心)을 지니는 것이고, 인간이 마음을 지니도록 진화해야 하는 이유이다. 천부경(天符經)의 이런 원리가 도덕경(道德經)에서 상도(常道)와 도(道)로 남아있고, 신(神)이 된 사람들이 도(道)를 마음(心)이라 한 이유이다.

천손민족(天孫民族)으로서의 의무

천손민족(天孫民族)으로서의 의무는 우주원리의 계승자(繼承者)이고, 적절한 때(時中)에 모든 인간이 하늘의 자손(天孫)임을 세상에 알려주는 역할이다. 계승(繼承)되어 온 것은 인간이 지구에 생겨난 우주의 원리이고, 그것을 담고 있는 경전이 천부경(天符經)이다. 그것을 적절한 때에 세상에 드러내는 역할을 하는 것이 홍익인간(弘益人間)이다. 천손민족으로서의 의무를 다하기 위해서는 홍익인간에 대해 명확히 이해하는 것이 필요하다. 홍익인간에는 '널리 인간을 이롭게 한다'는 역할로써의 의미가 있고, '널리 인간을 이롭게 하는 인간'이라는 존재적 의미가 있다. 천부경에서 본심(本心)을 지닌 인간의 존재적 상징이 홍익인간이고, 그런 홍익인간이 다른 인간들을 본심(本心)을 지닌 상태로 만들어 가는 것이 그 역할인 것이다.

본심(本心)을 지닌 홍익인간(弘益人間)으로 채워진 세상이 이화세계(理化世界)가 된다. 이는 인간 모두가 마음(心)을 지닌 성인(聖人)으로 밝음을 좇아 신(神)이 될 수 있는 준

비가 된 상태이다. 인간들이 이런 상태에 다다를 수 있도록 고대정신의 금척(金尺)인 천부경을 계승하여 세상에 알리는 것이 천손민족(天孫民族)으로서의 의무이다. 이렇게 홍익인간으로 가득 찬 이화세계가 고조선(古朝鮮) 이전, 환인(桓因)의 아들 환웅(桓雄)이 무리를 이끌고 하늘에서 내려와 세웠다는 신시(神市)의 모습이다. 이러한 신시(神市)를 민족 전체가 경험하고, 그것의 전통을 현재까지 이어오고 있기에 천손민족이라 부르는 것이다. 그 증거가 천부경이다. 천부경은 인간과 하늘이 이어져 있던 고대정신(古代精神)의 상징인 홍익인간과 이화세계, 삼교회통(三敎會通)의 뿌리인 것이다.

지구에는 다양한 민족(民族)들이 각각의 전통을 지니고 이어져 왔고, 각각 하늘에 대한 입장을 지니고 있다. 유대인은 '하느님이 선택한 백성의 나라'라고 하고, 중국인은 '하늘의 아들인 천자(天子)가 다스리는 나라'라고 하며, 이집트인은 '태양의 아들이 다스리는 나라'라고 불러왔다. 이처럼 하늘에 선택된 백성이거나 하늘의 자손이 다스리는 백성의 나라라는 것이, 하늘과 사람 사이에 대한 보통의 입장이다. 지구상에서 유일하게 우리만이 '모든 사람들이 하늘의 자손(子孫)'이라는 천손(天孫)의 전통을 지니고 있다. 천손민족(天孫民族)이란, 하늘에서 내려와 지상에 살다가 하늘로 돌아간

   신(神)이 길을 걷는 우주진화(宇宙進化)의 원리(原理), 천부경(天符經)

다는 우리 민족 고유의 정신(精神)이다. 이것은 천부경(天符經)의 우주 진화원리에 그대로 부합된다. 오랜 기간 단일민족(單一民族)과 백의민족(白衣民族)으로 상징되는 존재적 순수성을 이어올 수 있었던 이유이자 목적이다.

100여 년 전 천부경의 출현은 잊고 있던 천손민족(天孫民族)으로서의 의무를 마쳐야 할 때가 도래했음을 의미한다. 이 의무는 세상에 갇힌 인간에게 하늘을 좇는 길을 제시하는 것이다. 삼극(三極)이 천지인(天地人)을 만들어 인간을 지구적 존재로 선택한 것과 인간이 하늘의 목적에 부합하고자 세상을 만들어 운행한다는 천부경의 가르침이 그것이다. 존재적으로는 홍익인간(弘益人間)으로 돌아감이고, 세상적으로는 이화세계(理化世界)로 나아가는 과정이 된다. 인간이 홍익인간으로 돌아가기 위해서는 만왕만래(萬往萬來)와 용변부동본(用變不動本), 본심(本心)의 단계를 통하여 반본환원(返本還原)해야 한다. 이는 인간의 의식이 세상에서 인간으로 돌아가 천지인(天地人)을 합쳐 홍익인간이 되는 과정이다. 그래야만 삼극(三極)이 합쳐지는 인중천지일(人中天地一)에 다다라 하늘로 돌아갈 수 있다. 이를 위해 인간 스스로 인간의 세상을 홍익인간으로 가득 채운 이화세계인 신시(神市)가 될 수 있도록 돕는 것이 천손민족의 의무이다.

우리는 홍익인간(弘益人間)과 재세이화(在世理化)라는 우주적 진화원리를 통치와 건국의 이념으로 삼고 있다. 전자는 인간의 진화이고, 후자는 세상의 진화이다. 이 두 개의 진화가 합쳐짐으로써 신시(神市)가 만들어지고, 신(神)이 하늘에서 지구로 내려왔던 목적이 이루어져 인간 역시 신(神)이 되어 하늘로 돌아갈 수 있게 된다. 이 정신(精神)이 이어져 인내천(人乃天), 즉 '인간이 곧 하늘'이라고 말하는 유일한 민족이 되었다. 이는 우주가 진화의 과정을 지속하도록 인간에게 심어둔 자발적 의지인 자유(自由)로, 인간으로서의 인연(因緣)과 인과(因果)를 풀어내면 하늘로 돌아갈 수 있다는 의미이다. 인간은 하늘의 자손이기에 하늘로 돌아가는 것이고, 세계에서 유일하게 국가가 세워진 날을 '하늘이 열린 때(開天節)'라고 부르는 이유이다.

천부경의 쓰임

상대성(相對性)과 세상에 갇힌 의식의 한계를 극복하는 것은 마음(心)으로 인간의 존재성을 자각하는 길뿐이다. 그런 까닭에 천부경이 인간에게 본심(本心)과 인중천지일(人中天地一)의 단계적 인간상을 제시하고 있는 것이다. 이와 같은 의식의 전환은 지구라는 알(卵) 속 세상에 머물고 있

 신(神)이 길을 걷는 우주진화(宇宙進化)의 원리(原理), 천부경(天符經)

는 인간을 부화시킬 것이고, 우주는 본래의 목적대로 인간
을 신(神)의 길을 걷도록 만들 것이다. 이 길(道)은 마음(心)
인 도(道)를 목적으로 하는 것이 아니라, 마음(心)인 도(道)
에서 출발하여 무(無)인 상도(常道)에 다다르는 것을 목적으
로 한다. 그 길은 부처·예수·노자가 보여준 길이고, 인간
은 세상의 믿음이 아니라 그들의 길을 그대로 좇아야 할 때
이다. 그 길의 전체를 보여주는 지도가 천부경이고, 인간이
공부의 뿌리를 바꿔 알(卵)에서 부화되는 것을 돕는 밝음으
로 쓰일 수 있다.

천부경(天符經)에는 인간이 스스로 틀림없는(自然) 그 길
을 걸어야 하는 이유가 담겨 있다. 이를 위해서 인간의 존
재성을 한결같이 지속됨이 없는(無常) 것에서 한결같이 지
속되는(常) 것으로 바꾸어야 한다. 이처럼 잘못된 인간의식
의 뿌리를 뽑아 주는 것이 신(神)의 역할이다. 이와 같은 우
주적 신성(神性)의 원리를 완벽하게 담아낸 천부경은, 인간
이 세상의 경계를 넘어 본래의 존재성을 회복하는 것에 훌
륭한 길잡이로 쓰일 수 있다. 지구가 진화의 길(道)을 벗어
나지 않도록 심어준 인간의 본성(本性)이 덕(德)이다. 인간
에게 우주적 신성(神性)인 도(道)와 지구적 본성인 덕(德)이
합쳐져 도덕(道德)으로 존재하게 된 것이다. 인간이 단순히
삶과 죽음을 거듭하도록 지구에 생겨난 것이 아님을 자각해

야 한다는 의미이다. 고로 독립된 인간으로서 공존(共存)과
공생(共生)하는 인간 중심의 세상을 만들고자 천부경을 사
용할 수 있어야 한다.

인간은 수천 년간 잘못된 길에 들어서서 충분한 수업료를
냈다. 이제 세상의 질서에 맞는 인간을 길러내는 교육이 아
니라, 인간에게 맞는 세상을 만드는 교육이 필요하다. 천부
경(天符經)은 이를 위해 배워야 할 것과 배우는 방법을 충분
히 담고 있다. 천지인(天地人)이 삼극(三極)의 필요에 의해
만들어지고, 인간이 만든 세상은 그 천지인 위에 입혀진 무
늬(文)에 불과한 것임을 아는 것이 그 출발점이다. 천부경
은 인간 모두를 위해 준비된 경전이다. 그런 까닭에 지구상
의 모든 문명과 종교로부터 자유로운 방식으로 인간과 신의
본질이 하나임을 이야기한다. 이는 인간이 존재적으로 자립
된 근거를 되찾기 위함이고, 지금 우리가 천부경을 읽어야
하는 이유이다.

우주와 인간을 묶어주는 하나의 원리를 통하면, 종교 · 인
종 · 문명 · 사상 · 문화로 인한 분란을 조절할 수 있다. 이처
럼 천부경(天符經)은 인간이 마음을 따라 사는 우주적 존재
임을 깨닫도록 우주가 공개한 오픈 소스(Open Source)이다.
이 원리와 재료로 지구가 만들어졌고, 다시 동일한 방식으

   신(神)이 길을 걷는 우주진화(宇宙進化)의 원리(原理), 천부경(天符經)

로 인간이 만들어졌다. 인간의 열려있는 의식은 이를 활용하여 세상의 문명과 종교, 문화와 지식을 창조(創造)할 수 있었다. 천부경으로 인간 본연의 생명력(生命力)을 회복하고, 무한한 창조력을 지닌 특별한 존재였던 인간의 본래 모습을 되찾아야 한다. 우리는 마음(心)이라는 무한정의 자원과 부(富)의 근원인 홍익인간(弘益人間)의 정신을 지닌 나라이다. 그것을 자각하여 이화세계(理化世界)를 위한 마음으로 다른 나라들과 전통을 공유할 수 있게 된다면, 고대전통인 천부경의 원리와 사상적 유산은 우리를 보호하고 미래를 밝혀주는 강력한 힘이 될 것이다. 천부경은 우리의 역사관(歷史觀)과 문화전통을 올바르게 정립할 수 있는 진정한 유산(遺産)이다. 이를 우리 스스로 자각한다면, 종교(宗敎)가 아닌 하나의 민족(民族)이 인류 전체 역사(歷史)의 기준으로 자리잡는 신기원을 이룰 수 있을 것이다.

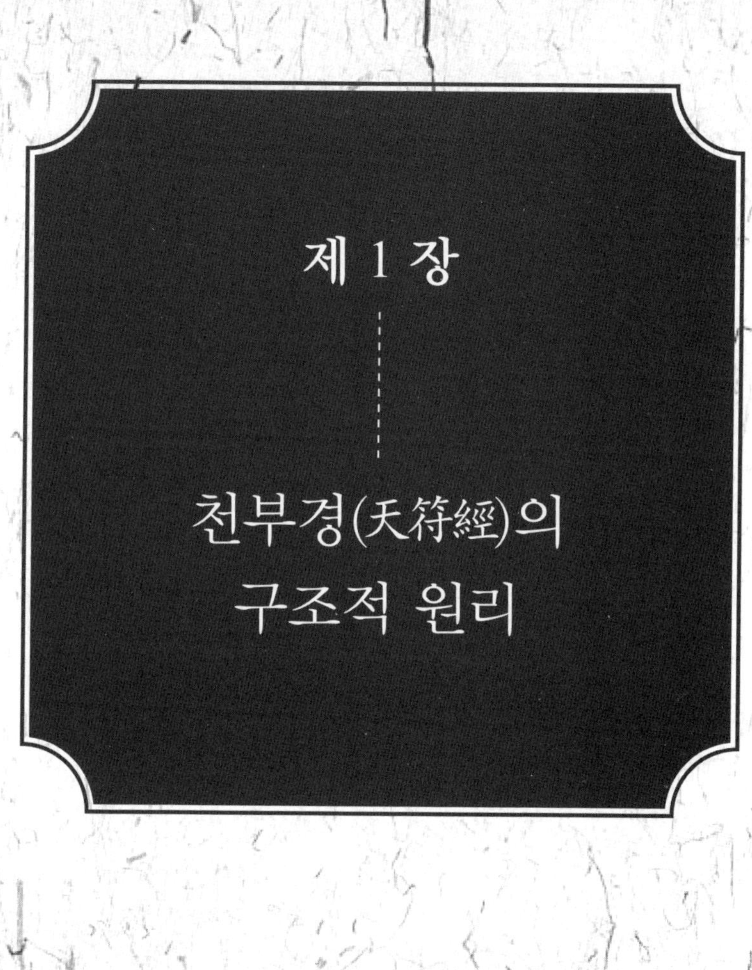

제 1 장

천부경(天符經)의 구조적 원리

天符經

一始無始一析三極無

盡本天一一地一二人

一三一積十鉅無櫃化

三天二三地二三人二

三大三合六生七八九

運三四成環五七一妙

衍萬往萬來用變不動

本本心本太陽昂明人

中天地一一終無終一

천부경(天符經)의 구조적 원리

천부경(天符經)은 전체가 81자에 불과한 짧은 경전(經典)이다. 그럼에도 이름을 통해서 하늘(天)에 부합되는(符) 원리를 담고 있음을 보여준다. 천부경에서 하늘(天)은 존재를 생겨나게 하는 무(無)와 본(本)으로 설명되고, 부합됨(符)의 주체는 무(無)에서 생겨난 존재들이다. 이를 바탕으로 하늘은 무(無)에 따라 우주와 지구로 구분되고, 이에 부합해야 하는 각각의 존재는 지구와 인간이 된다. 인간의 하늘(天)은 지구의 무(無)이고, 지구의 하늘은 우주의 무(無)이며, 우주의 하늘은 절대무(絶代無)이다. 이것을 따라가는 것이 하늘에 부합됨인 천부(天符)이다. 간단명료한 천부경이 어려운 것은 인간이 존재성에 대한 인식을 잃어 무(無)와 본(本)을 해석하기 어렵기 때문이다. 이로 인하여 천부경을 읽기 위해서는 적절한 기준을 설정할 필요가 있다. 여러 방식들 중 가장 적절하다고 여겨지는 것은 하늘에 부합되는 원리대로 배열된 순서를 따라가는 것이다.

천부경(天符經)은 경전(經典)의 이름인 천부(天符)와 81자의 경문으로 전하고자 하는 내용을 모두 담고 있다. 그런 까닭에 하늘(天)의 목적에 부합되는 배열순서와 구조는 해석체계에 중요한 도구가 된다. 하늘의 기준은 무(無)이다. 지구가 하늘에 부합되는 역할을 통하여 인간을 만들고, 인간은 우주의 목적에 부합되는 생칠팔구(生七八九)의 길을 걸어야 한다. 천부경의 하늘(天)은 천지인(天地人)의 천(天)이 아니다. 지구적 시공(時空)인 천지인(天地人)이 부합되어야 하는 우주원리로서의 하늘(天)이다. 이를 통해 인간에게 하늘을 거슬러 올라가야 하는 존재적 의무가 있음을 가르치고자 한다. 그 과정이 천지인(天地人)과 삼극(三極)을 거슬러 태양을 좇는 것이기에 진화가 된다.

천부경(天符經)은 삼극과 천지인을 명확히 구분하여 사용한다. 천지인은 본(本)인 삼극이 천부(天符)의 목적을 위해 삼극적 속성으로 만들어낸 지구적 시공(時空)이자 존재이다. 천지인은 삼극을 본떠 만들어진 지구운행의 재료이자 바탕이기에 삼재(三才)가 된다. 그런 까닭에 경문이 지구가 무시일(無始一)로 일시(一始)하여 그 무시일인 지구에 본(本)인 삼극이 생겨나고, 그 뒤에 천지인이 자리잡아 만물에서 인간이 선택되어 무종일(無終一)로 일종(一終)하는 순서를 지니는 것이다. 이러한 천부경의 내용은 아홉 개의 마디(節)로 구분할 수 있다. 이 아홉 개의 마디는 하나의 운행원리로 이어져 거듭되고, 그 안에서 독립된 의미로 해석이 가능하다.

천부경(天符經)의 운행원리는 운삼(運三)과 사성(四成)이다. 천부경은 정중앙에 위치한 육(六)을 기준으로, 지구가 생겨나 천지인(天地人)의 구조적 운행의 결과로 인간이 선택되는 과정과 인간이 일묘연(一妙衍)하여 무종일(無終一)이 되는 과정으로 구성되어 있다. 운삼사성의 원리는 이 모든 운행에 적용되어 인간의 진화가 하늘의 목적에 의한 것임을 설명한다. 천부경은 하늘과 무(無)의 존재적 특성을 통해 인간이 신(神)의 길을 걷는 우주진화의 원리에 대해 설명하는 것이다. 그런 까닭에 인간의 입장에서 천부경은 무(無)에서 무(無)로 비롯된 지구가 삼극으로 천지(天地)와 만물을 만들고, 그중에서 인간을 하늘에 부합되는 존재로 선택하여 운행과 순환을 거듭하여 마치도록 하는 구조이다. 천부경의 일시(一始)하여 무종일(無終一)하는 원리는 우주부터 인간까지 동일한 원리와 존재성으로 이어져 있음을 일깨워준다.

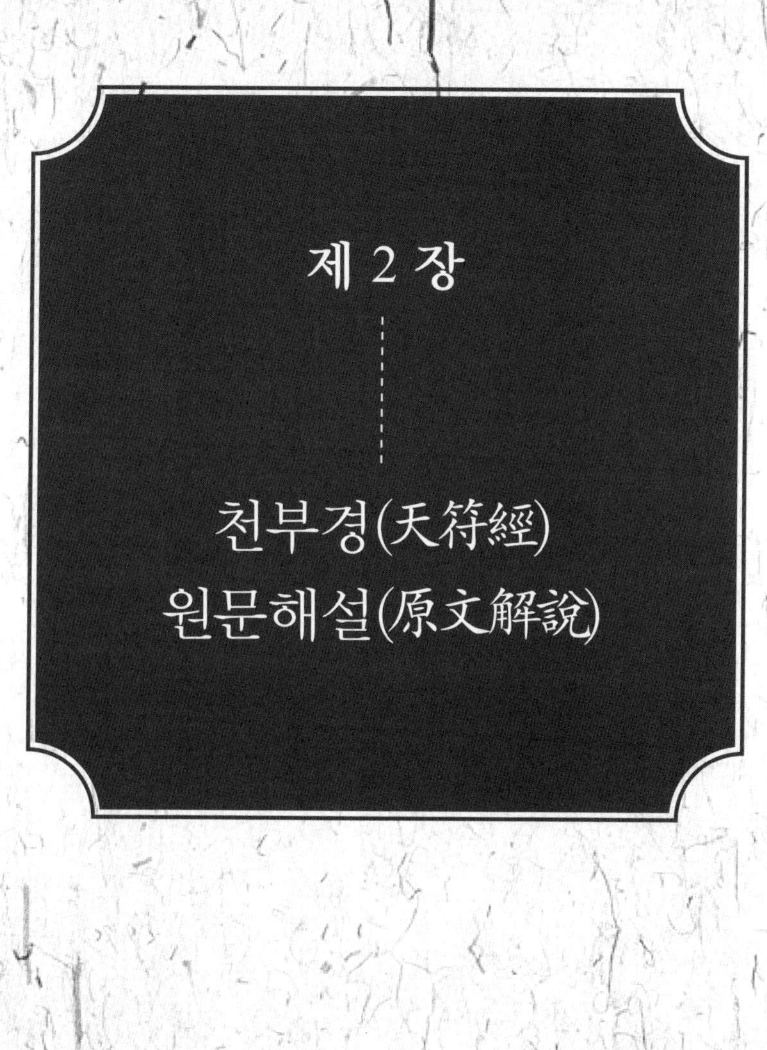

제 2 장

천부경(天符經)
원문해설(原文解說)

天 符 經

一始無始一, 析三極, 無盡本.

하나(一)가 비롯되니 무(無)로 비롯된 하나(一)이고, 세 (개의) 극(極)으로 나뉘어, 다함이 없는 본(本)이다.

天一一, 地一二, 人一三.

하늘은 첫 번째(一運)에서는 일(一)이고, 땅은 첫 번째(一運)에서는 이(二)이며, 인간은 첫 번째(一運)에서는 삼(三)이다.

一積十鉅, 無櫃化三.

하나(一)씩 쌓여 열(十)로 커지고, 상자(담김)는 없어지면 셋으로 화(化)한다.

天二三, 地二三, 人二三.

하늘도 두 번째(二運)에서는 삼(三)이고, 땅도 두 번째(二運)에서는 삼(三)이며, 인간도 두 번째(二運)에서는 삼(三)이다.

大三合六, 生七八九.

삼(三)이 커져서 합쳐진 육(六)이, 생겨남이 칠(七) · 팔(八) · 구(九)이다.

運三, 四成, 環五七.

운행은 셋(三)으로 하며, 넷(四)에서 이루어지고, 오(五)와 칠(七)로 순환
한다.

一妙衍, 萬往萬來, 用變不動本.

하나(一)가 흘러감은 신묘하여, 만 번 가고 만 번 오니, 변하여 쓰여도 본(
本)은 움직이지 않는다.

本心, 本太陽昂明, 人中天地一.

본(本)은 마음(心)이고, 본(本)인 태양의 밝음을 우러르면, 사람 속에서 하
늘과 땅이 하나가 된다.

一終無終一.

하나(一)가 마치니 무(無)로 마친 하나이다.

天 하늘 천 / 符 부합하다, 부호 부 / 經 경서 경 / 一 하나 일 / 始 비롯되다 시 / 無 없다 무 / 析
나누어지다 석 / 三 세 번째, 석(셋) 삼 / 極 극 극/ 盡 다하다 진 / 本 근본 본 / 二 두(둘) 이 / 地 땅
지 / 人 사람 인 / 積 쌓다 적 / 十 열 십 / 鉅 클 거 / 櫃(匱) 상자 궤 / 化 화하다 화 / 大 크다 대 /
合 합하다 합 / 六 여섯 육 / 生 날 생 / 七 일곱 칠 / 八 여덟 팔 / 九 아홉 구 / 運 돌다, 운행하다
운 / 四 넉 사 / 成 이루어지다 성 / 環 돌다, 고리 환 / 五 다섯 오 / 妙 신묘하다 묘 / 衍 흐르다,
넘치다 연 / 萬 일만 만 / 往 가다 왕 / 來 오다 래 / 用 쓰다 용 / 變 변하다 변 / 不 아니다 부 /
動 움직이다 동 / 心 마음 심 / 太陽 태양 / 昂 우러르다 앙 / 明 밝다 명 / 中 속 중 / 終 마치다 종

제 1 절

一始無始一(일시무시일), 析三極(석삼극), 無盡本(무진본).

하나(一)가 비롯되니 무(無)로 비롯된 하나(一)이고,
세 (개의) 극(極)으로 나뉘어,
다함이 없는 본(本)이다.

一 하나 일 / 始 비롯되다 시 / 無 없다 무 / 始 비롯되다 시 / 一 하나 일
析 나누어지다 석 / 三 세 번째, 석(셋) 삼 / 極 극 극
無 없다 무 / 盡 다하다 진 / 本 근본 본

 신(神)이 길을 걷는 우주진화(宇宙進化)의 원리(原理), 천부경(天符經)

一始無始一,

하나(一)가 비롯되니 무(無)로 비롯된 하나(一)이고,

하나가 비롯됨(一始)이란 '어떤 존재'가 처음으로 나타남이다. 존재하지 않아 없던 것이 새롭게 존재하게 된 것이다. 그 존재가 '없던 시공(時空)'에 '없던 존재'가 생겨나는 것이기에, 하나가 비롯된 곳을 무(無)라고 한다. 이것은 무(無)인 상태에 우주라는 '어떤 존재'가 생겨나고, 그 우주의 무(無)인 공간에 지구라는 '없던 존재가 없던 곳'에 생겨나 자리잡는 과정이다. 만물 역시 같은 원리로 생겨나고, 이것이 비롯됨(始)과 생겨남(生)이 연결되는 원리이다. 천부경(天符經)은 무시일(無始一)을 통하여 '어떤 존재'의 비롯됨(始)이 무(無)에 의지한다는 사실과 그 비롯된 것의 상태는 무(無)인 것임을 동시에 규정하는 것으로 시작한다. 일시무시일(一始無始一)은 우주가 지구로, 지구가 다시 인간으로 이어짐을 통해 무(無)가 펼쳐지고 압축되는 원리를 보여준다. 이를 통하여 인간이 우주적 무(無)의 상태로 돌아가야 함과 그 돌아가는 방법을 보여준다.

무(無)에서 비롯된 것은 우주와 지구, 만물이 모두 해당된다. 우주가 절대무(絶代無)에서 생겨난 이후 지구와 만물이 순차적으로 생겨났다. 우주와 지구, 만물은 자기 무(無)의 근본인 상위 무(無)에 의지하여 생겨나고 존재하게 된다. 일시

무시일(一始無始一)의 무(無)는 '일시(一始)하여 비롯되는 장소와 시점'을 동시에 내포하고 있다. 즉, 일시(一始)가 무(無)에서 생겨나는 것과 일시(一始)가 시일(始一)했을 때의 상태가 무(無)라는 의미를 담고 있다. 무(無)에서 나와 일시무시일 하는 것임을 통하여 무종일(無終一)의 무(無)와 일시(一始)하게 되는 무(無)가 의미적으로 연결된다. 이처럼 우주와 지구, 만물이 무(無)로 이어진 무(無)이기에 목적에 따른 순환과 마침이 가능한 것이다. 천부경(天符經)은 무(無)에서 시작한 존재가 무(無)로 마치는 과정을 보여주고자 한다. 이 과정은 하나의 재료를 하나의 목적에 부합하는 원리로 펼치고 압축하는 것이고, 이에 따라 선택과 집중을 거듭하여 흘러가는 것이기에 진화가 된다.

　우주의 시공(時空)과 그 안의 존재를 만든 것은 절대무(絶代無)이다. 이것이 가능한 이유는 절대무(絶代無)가 시공과 존재로 하나인 상태이기 때문이고, 이 모습이 신(神)의 상징이다. 그리고 이러한 절대무의 존재성은 일종무종일(一終無終一)의 무종일과 크기가 다를 뿐 같은 것이다. 이것은 천부경(天符經)의 이해에서 중요한 의미를 지닌다. 왜냐하면 일시무시일(一始無始一)은 절대무(絶代無)가 지구라는 자궁(子宮)을 만드는 것이 되고, 인간은 그 안에서 생겨난 절대무의 태아(胎兒)가 되기 때문이다. 그 태아가 진화의 과정을 거쳐

 신(神)이 길을 걷는 우주진화(宇宙進化)의 원리(原理), 천부경(天符經)

일종무종일(一終無終一)로 절대무와 같은 상태로 출산되어, 신(神)으로 우주에서의 삶을 통하여 절대무(絶代無)가 되는 과정이 인간진화의 본래 목적이다. 그런 까닭에 인간이 하느님을 닮았다 하고, 인간이 곧 하늘이며(人乃天), 인내천(人乃天)에 기반하는 우리가 천손민족(天孫民族)이라 할 수 있는 것이다. 그래서 인간의 진화는 마음(心)을 만들고, 그 마음 안으로 무(無)를 얻어 우주로 넘어가는 것으로 진행된다. 그것을 상징하고자 천부경 81자의 중앙에 인간을 상징하는 육(六)을 놓았다. 진화가 아닌 세상에서의 삶을 목적으로 하는 인간이 절대로 자유로울 수 없는 이유이다.

절대무(絶代無)가 단계적 터전과 존재를 필요로 하는 것은 진화를 위한 것이다. 무(無) 자체로는 진화할 수 없다. 고로 무(無)의 단계적 압축을 통하여 진화에 부합할 수 있는 존재를 만드는 것이 필요하다. 그 터전으로는 우주와 지구가, 진화를 위한 존재로는 인간(人)이 선택된 것이라고 천부경(天符經)은 알려주고자 한다. 이를 위해 첫 문장인 일시무시일(一始無始一)로 무(無)의 시공(時空)과 독립의 상태를 보여주고, 마지막 문장인 일종무종일(一終無終一)로는 무(無)의 마침(終)과 자립의 상태를 보여준다. 일시무시일과 일종무종일에서 무(無)가, '시공으로서의 존재'에서 '시공과 존재가 하나'인 상태의 존재로 의미가 달라지는 이유이다. 천

부경은 이를 통하여 무(無)가 일시(一始)하여 일종(一終)하
는 것에 목적이 있음을 보여준다. 그리고 그 목적에 부합되
는 존재로 인간이 선택되는 과정과 역할을 생(生)의 원리로
가르치는 지침서이다. 일시무시일과 일종무종일의 큰 고리
는 인간의 하늘(天)인 지구의 무(無)와 지구의 하늘인 우주
의 무(無)를 인간의 순차적 목적인 하늘(天)로 연결하여, 우
주운행의 원리와 목적이 진화에 있음을 설명한다. 생(生)과
환(環)의 작은 고리는 우주에서 독립된 무(無)가 지닌 존재
성을 통하여, 진화과정 속에서 일어나는 변화와 존재방식을
보여준다. 무(無)에서 무(無)인 상태로 비롯되었음을 의미하
는 일시무시일은 이를 위한 기본 전제가 된다.

무(無)에 기반하던 존재가 그 무(無)와 같은 상태가 되는
무(無)의 진화가, 우주가 존재하는 이유임을 천부경(天符經)
은 보여준다. 우주의 원리는 없던 것이 비롯되고 생겨나는
과정을 통하여 존재와 무(無)를 연결한다. 그런 까닭에 마침
(終)이나 그침(死=己)을 통한 결과 역시 무(無)일 수밖에 없
다. 하나의 비롯됨(一始)은 무(無)의 순리(順理)에 기반한 우
주적 인과(因果)의 시작이다. 지구 역시 우주의 목적에 부
합되도록 지구적 무(無)의 순리와 인과를 만들어 운행한다.
일시무시일(一始無始一)은 '무(無)에서 하나가 비롯되었다는
것'과 그것이 '무(無)로 비롯된다'는 것으로 각각의 시공(時

空)들 사이의 법칙을 담아낸다. 무시일(無始一)을 통하여 일시(一始)한다는 것이 무(無)에서 독립된 새로운 무(無)가 생겨나는 것임을 보여준다. 일시무시일은 우주가 처음 생겨나 펼쳐지기 전의 상태와 같다. 이런 과정을 거치기에 우주의 무(無)와 존재들이 같은 형질과 목적, 운행원리를 공유할 수 있는 것이다. 천부경은 하나의 비롯됨(一始)이 무(無)에서 무(無)로 비롯되는 우주의 생성원리이고, 지구와 만물에도 그 원리가 적용되어 인간이 생겨난 것임을 보여준다. 그런 까닭에 일시무시일은 하나(一)가 무(無)로 독립하는 것이고, 무(無)로 시작한 것이 자립하기 위해서는 그에 부합되는 과정이 필요함을 보여준다. 이러한 독립과 자립의 방식이 우주적 진화의 뿌리가 된다.

우주는 목적을 지니고 별(星)인 지구를 비롯되게 하였다. 지구는 우주의 목적에 부합하기 위하여 만물을 비롯되게 하였고, 그중에서 인간을 적합한 존재로 선택했다. 우주적 분화의 끝에서 진화의 대상이 된 인간은, 하늘(天)인 지구와 우주의 무(無)로 단계적으로 돌아가는 원시반본(原始返本)의 길을 걷게 된다. 이 과정을 거친 인간은 시공(時空)의 존재인 지구와 달리, 무(無)의 본래 모습인 '시공(時空)과 존재가 하나'인 상태로 진화된다. 이것은 우주와 지구가 지닌 차이이자 절대무(絶代無)의 본래 모습이고, 이처럼 우주진화의 기본방식이 인간의 번식원리와 다르지 않음을 알 수 있다. 인간이 존재성을 지닌 무(無)가 되어 지구적 무(無)와 우주적 무(無)로 거슬러 올라가는 것은, 이처럼 우주가 생성된 목적이 진화에 있기 때문이다. 이러한 원리와 목적을 일시무시일(一始無始一)과 일종무종일(一終無終一)로 보여주는 것이 천부경(天符經)이다. 이 과정을 통하여 인간은 신(神)의 형태로 진화하고, 무종일(無終一)의 상태로 존재하게 된다. 무(無)에서 비롯된 우주와 지구, 인간이 마치는 원리는 동일하다. 그리고 인간은 그 속에서 존재적 연결고리가 되는 것이다. 인간의 입장에서 일시무시일은 우주의 목적에 의한 진화의 시작이다. 인간은 하나의 시공 속에서 운행되고, 이루어지며 순환하는 과정 속에서 무(無)로의 마침을 좇도록 만들어진 존재이다. 이 과정은 만물에서 인간 그리고 지구에서 우주로 지속되기에 천부(天符), 즉 하늘(天)인 우주에 부합되는 원리로써의 진화인 것이다.

일시무시일(一始無始一)은 진화의 시작이고, 일종무종일(一終無終一)은 진화의 과정을 마치고 새로운 존재가 생겨난 것을 상징한다. 그것이 일시무시일의 무(無)와 일종무종일의 무(無)가 지닌 차이를 만든다. 인간은 천부경(天符經)의 가르침대로 인간의 생(生)이 아닌 인간으로서의 마침(終)을 위해 살아야 한다. 이를 위해 무(無)에 대한 입장을 정립

 신(神)이 길을 걷는 우주진화(宇宙進化)의 원리(原理), 천부경(天符經)

하는 것이 필요하다. 절대무(絶代無)가 우주와 지구, 인간을 비롯되게 한 목적과 각각의 존재이유를 수용해야 하는 것이다. 이것이 인내천(人乃天) 사상의 뼈대이다. 일시무시일을 통하여 우주와 지구, 인간까지 모든 하나(一)가 무(無)에서 생겨난 같은 뿌리를 지니고 있음을 알 수 있다. 인간은 그 뿌리로 열매를 맺을 수 있는 우주진화의 존재로 선택되었다. 일시(一始)한 것이 무시일(無始一)로 무(無)의 상태라는 것은 완전히 독립되었음을 의미하고, 이는 하나의 목적을 지닌 존재성을 의미하는 것이다. 일시무시일은 우주와 지구의 모든 존재가 같은 목적에 의한 통일성을 지니고 있음을 의미하고, 일종무종일과 연결되어 그 목적이 진화의 길임을 명확히 한다. 하나의 길과 하나의 목적을 지니고 있고, 하나의 존재성으로 독립하여 자립하는 원리이다. 지구가 만물 중 하나의 존재를 선택하여 진화하는 이유와 인간이 그 대상으로 선택된 이유를 자각해야 한다. 이를 통해 인간이 그에 부합되는 길을 걸어야 함을 일시무시일은 내포하고 있다.

析三極,

세 (개의) 극으로 나뉘어,

새로이 생겨난 하나(一)는 전체가 덩어리진 무(無)의 상태이다. 석삼극(析三極)은 지구가 무시일(無始一)에서 우주의 목적에 부합되는 시공(時空)으로의 변화가 시작된 상태이다. 석삼극으로 지구는 무(無)인 상태에서 세 가지의 속성으로 나누어지게 되고, 이 상태가 지구의 본(本)인 삼극(三極)이다. 이를 통하여 지구의 존재성이 시공임을 알 수 있다. 무(無)의 시공뿐인 지구가 존재를 지니고자 삼극으로 천지인(天地人)을 만드는 것이다. 무(無)이자 본(本)인 삼극이 시공으로써 천지인을 운행하는 것이기에 무진본(無盡本)인 것이고, 더불어 지구에서 변화와 진화의 기준이 되는 이유이다. 하나의 존재는 이 본(本)이 유지되는 동안 존재성이 지속된다. 부동본(不動本)이 되면 인간으로서의 본(本)이 지속되는 것도 같은 원리이다. 이처럼 석삼극은 하나의 무(無)가 세 가지의 속성을 지니는 상태이다. 우주 역시 무(無)에서 비롯된 순간에는 석삼극처럼 덩어리진 과정을 거쳐 펼쳐졌다. 그런 까닭에 이 거대한 우주가 목적에 부합하는 본(本)과 원리대로 운행될 수 있는 것이다. 이와 같이 무시일과 석삼극은 무(無)인 상태의 지구이자 본(本)이고, 천지인과 인간은 그 위에 존재가 있는 상태의 지구이자 운행(運)이다. 이는 석삼극으로 지구가 하나인 상태의 고정성(固定性)과 세 개의 극(極)으로 생겨나는 운동성(運動性)을 지니게 되었기에 가능한 것이다.

 신(神)이 길을 걷는 우주진화(宇宙進化)의 원리(原理), 천부경(天符經)

지구는 석삼극(析三極)으로 세 가지의 속성을 지니게 됨으로써, 비로소 우주와 구분된 별도의 시공(時空)이 된다. 석삼극으로 나뉘어진 세 개의 속성은, 지구 안 모든 것의 본(本)으로 작용하기에 삼극(三極)이라고 부른다. 삼극으로 우주의 무(無)와 구분되는 지구적 무(無)의 터전이 갖추어진 것이다. 삼극이 그 무(無)로 우주의 목적에 부합하는 운행을 위해 만든 바탕이 천지인(天地人)이고, 삼극과 구분 지어 삼재(三才)라 부른다. 삼재를 만들고 운행하는 운삼(運三)의 과정을 통하여 존재를 중심으로 지구적 진화가 진행된다. 우주는 시작점에서 목표점으로 팽창되는 공간이라는 세 개의 극(極)과 별(星)들을 위한 다중적인 시간을 지녔다. 반면에 지구는 한정된 공간과 일률적인 시간을 지녔다는 점이 다르다. 그러나, 우주와 지구는 무(無)인 상태의 세 극(極)인 삼극으로 별과 인간이라는 각각의 존재를 지닌 시공을 운행한다는 공통점이 있다. 이와 같은 우주와 지구의 존재방식과 역할의 차이가 삼극과 삼재의 개념적 차이가 된다. 삼극은 우주적 속성인 무(無)이자 대폭발이 일어나기 전의 뭉쳐진 상태와 같고, 삼재는 대폭발로 팽창이 일어나 우주에 별들이 생겨나 운행되는 것과 같다.

삼극(三極)은 삼재(三才)를 운행하여 우주의 목적에 부합되는 역할을 수행한다. 석삼극(析三極)은 존재가 없다는 점에서 무시일(無始一)의 상태와 다르지 않다. 우주적 속성을 그대로 지닌 무(無)의 시공(時空)으로 독립되었을 뿐이다. 삼극은 그 상태에서 천지인(天地人) 삼재를 만들고, 천지인 으로 운행되는 지구적 시공의 본(本)이 된다. 이처럼 석삼 극은 우주의 물질인 무(無)를 머금고 독립한 지구가, 우주 의 목적에 부합하는 진화를 시작한 것이다. 석삼극의 과정 으로 지구의 무(無)가 셋으로 나뉘었기에 가능한 일이다. 지 구를 독립된 시공으로 만드는 경계로서의 무(無)와 우주적 물질로서의 무(無), 움직이는 공간으로서의 무(無)가 그것이 다. 고로 삼극은 아직 무(無)인 상태이고, 이 과정은 우주가 생겨나는 원리와 같다. 이러한 삼극의 속성은 운삼(運三)의 과정을 통하여 천지인으로 변화된다. 지구를 독립시킨 경계 로서의 무(無)는 하늘이 되고, 분리된 우주적 물질로서의 무 (無)는 땅과 만물이 되어, 움직이는 공간으로서의 무(無)인 사이(間)에 자리잡는다. 삼극의 한 극(極)인 사이(間)에서 천 지인이 생겨나 운행되는 것이다. 지구의 무(無)가 무(無)인 상태로 나뉘어졌기에 천지인을 만들 수 있는 것이다. 석삼 극을 통하여 지구가 우주의 목적에 부합하는 역할을 담당하 는 별(星)로 변화된 것이다.

석삼극(析三極)은 지구가 우주의 목적에 부합하는 진화과 정을 운행하는 출발점이다. 그리고 운행을 위한 터전과 만물을 존재하게 한 본(本)이다. 본(本)으로 자리잡은 삼극(三極)은 운삼(運三)으로 천지인(天地人) 삼재(三才)를 만들어 각각의 역할을 부여한다. 석삼극의 과정이 있었기에 천지인으로 운행되는 시공간(時空間)이 지구에 생길 수 있는 것이다. 삼극은 무(無)인 우주적 시공간의 상징이고, 삼재는 존재 중심의 지구적 시공간이다. 석삼극으로 우주의 시간과 무(無)가 지구에 적합한 형태로 접목되고, 지구적 시공(時空)은 우주의 목적대로 운행하게 된다. 삼극은 우주에 별(星)이 없던 상태의 무(無)와 같고, 무(無)로 별(星)을 만들어 운행하는 우주적 속성으로 삼재를 만들어 운행한다. 무시일(無始一)의 지구는 석삼극으로 본(本)이 비롯되어(始) 그 본(本)인 삼극에서 삼재가 생겨나며(生), 그 속에서 만물이 순환함으로써(環) 인간은 우주의 목적에 부합하는 이루어짐(成)을 만든다.

천부경(天符經)은 무(無)인 삼극(三極)과 시공(時空)이자 존재인 천지인(天地人)을 구분한다. 그런 까닭에 삼극을 위한 석삼극(析三極)과 천지인을 위한 운삼(運三)의 과정을 명확히 구분하는 것이 필요하다. 석삼극은 지구가 우주에서 독립된 본(本)을 지니는 과정이다. 반면에 운삼은 그 본(本)으로 천지인의 구조를 만들어 지구적 진화를 운행하는 과정이다. 운삼(運三) 중 1운(1運)은 지구의 독립된 시공과 존재인 천지인의 생겨남(生)이고, 2운(2運)은 천지인이 하나인 상태로 연동되어 순환하는(環) 것이고, 3운(3運)은 마침(終)을 위해 지구가 선택한 존재인 인간의 진화에 집중하는 이루어짐(成)의 과정이다. 우주는 이를 통해 인간이 천지인과 삼극이 하나로 합쳐진 존재로서의 무(無)로 진화하길 바라고 있다.

우주는 동일한 무(無)와 다중적이고 복합적인 시간을 지니고 있다. 이 상태로는 절대무(絶代無)에서 일시(一始)한 목적을 달성할 수 없다. 그런 까닭에 시간을 독립적으로 운행시켜 동일한 우주의 무(無)에 각각의 역할을 부여한다. 그것이 지구가 만들어진 이유이고, 석삼극(析三極)은 지구가 그 무(無)에 주어진 역할을 위한 독립적 운행을 시작하는 것을 상징한다. 이를 통하여 우주에 지구적 시공(時空)이 생겨나고, 독립된 상태로 우주와 연결되어 운행된다. 고로 석삼극은 우주적 목적에 적절한 구조와 시간이 지구에 자리잡는 과정이다. 시간의 독립은 지구적 변화를 만들고, 이는 우주의 시간과 연결되어 진화가 된다. 이를 위해 지구는 부여된 역할에 맞도록 석삼극과 운삼(運三)으로 스스로 변화하여, 우주의 진화과정에 놓인 작은 우주로서 운행되는 것이다. 이처럼 지구적 진화를 주관하는 삼극(三極)과 이를 위한 시공(時空)이자 존재로 운행되는 천지인(天地人) 삼재(三才)

  신(神)이 길을 걷는 우주진화(宇宙進化)의 원리(原理), 천부경(天符經)

는 명확히 다르다.

　석삼극(析三極)은 삼극(三極)이 하나(一)의 상태인 원시(原始)의 지구이다. 그런 까닭에 삼극의 속성으로 만들어진 천지인(天地人)이 연동되어 운행됨이 가능한 것이다. 이 점이 천부경이 지니고 있는 삼극사상(三極思想)이다. 시간이 흐르면서 삼극과 천지인을 같은 것으로 혼용하면서, 인간의 사유가 운삼(運三)이 일어나는 천지인 삼재(三才)에 갇히게 되었다. 이로 인하여 태극과 음양 등의 변화적 개념을 중심으로 존재하는 원리를 좇을 뿐, 지구와 인간이 존재하게 된 이유와 그 목적인 존재적 진화에 대해서는 잊어버렸다. 그런 까닭에 천지인인 시간(時間) · 공간(空間) · 인간(人間)이 모두 삼극의 사이(間)인 공간에서 일어나는 이유를 이해할 수 없게 되었다. 그리고 결국에는 인간의 존재적 목적과 역할 역시 잊어버리게 된 것이다. 석삼극(析三極)에서 분(分)이 아닌 석(析)을 사용한 것은 의미적 차이를 보여주기 위함이다. 분(分)이 완전히 분리된 별개인 상태의 나뉨이라면, 석(析)은 분리된 것이 아니라 붙은 상태로 쪼개어진 것을 상징한다. 하나인 상태로 나뉘어진 것임을 보여주기 위해 석(析)을 사용한 것이다. 천지인은 분(分)인 상태로 연동되는 하나이고, 삼극은 석(析)인 상태로 하나가 된다. 분리된 천지인이 삼극으로 연결되어 있기에 변화와 진화가 가능한 것이다.

無盡本.
다함이 없는 본(本)이다.

본(本)은 존재가 없는 석삼극(析三極)인 상태의 지구로 무(無)의 상태이다. 지구에 비롯됨(始)과 생겨남(生)이 가능한 것은 석삼극으로 우주와 독립된 본(本)을 지니게 되었기 때문이다. 그 본(本)에 다함이 없어야 생존이 가능하고, 변함이 없어야 목적대로의 운행이 가능하다. 고로 무진본(無盡本)은 변함과 다함이 없는 본(本)의 특성을 지구가 지니게 되었음을 의미한다. 그런 까닭에 생겨남(生)과 거듭됨(環)이 일어나는 천지인(天地人)의 운행이 한결같게 지속되는 것이 가능하다. 무진본은 우주적 목적대로 운행되는 본(本)의 특성이고, 그 목적은 천지인을 통한 존재적 진화가 된다. 지구의 본(本)이 무(無)의 상태이기에 천지인의 일적십거(一積十鉅)가 지구의 크기와 같게 되는 것이다. 또한 천지인으로의 구조적 변화는 지구적 본(本)이 지닌 무(無)의 변화이기에 본(本)에 영향을 미치지 않는다. 우주적 목적에 부합하는 운행에 적합하도록 본(本) 위에서 구조적 변화를 거치는 것뿐이다.

　지구는 본(本)을 지니게 되는 과정에서 무(無)가 세 개의 극(極)으로 자리잡았고, 그 중 한 극(極)에 천지인(天地人)의 구조를 만드는 과정을 거친다. 무진본(無盡本)은 그 과정에서 본(本)의 형질이 한결같고, 운행되는 구조와 목적은 지속됨을 의미한다. 이는 부동본(不動本)과 본심(本心), 본태양앙명(本太陽昻明)의 진화단계적 특징과 연결된다. 이는 각각의 진화단계에서 지니는 본(本)이 달라지거나 다하여 멈추지 않는 것임을 보여준다. 이처럼 칠(七)인 만물으로서의 본(本)과 팔(八)인 인간으로서의 부동본(不動本), 구(九)인 나(我)로서의 본심(本心)이 각각의 단계에서 무진본으로 작용한다. 이를 통해 진화에 필요한 상위단계의 본(本)을 제시해준다. 그것이 가능한 것은 본(本)이 우주의 무(無)로 시일(始一)한 것이기 때문이다. 지구적 변화는 '보이는 것'과 '보이지 않는 것'으로 채워진 지구가 내부적 진화를 운행하기 위한 것이다. 본(本)이 천지인 삼재(三才)를 통하여 궤(櫃)와 화(化)를 거듭하여 진화시키는 것이 그것이다. 그런 까닭에 본(本)은 지구의 시대적 상황, 존재의 수(數)와 상관이 없어야 한다. 이러한 지구적 진화가 우주적 시공과 연결되어 있기에, 다함 없이 지속되는 것임을 무진본(無盡本)으로 설명한다. 무진본은 지구의 질량과 크기에 변화가 없을 것임을 의미하고, 본(本)이 생겨난 뿌리인 시간이 멈춤 없이 지속될 것임을 알려준다.

지구적 시간이 비롯됨으로써 본(本)이 만들어지고, 그 본(本)이 천지인(天地人)의 운행구조를 만드는 과정에서 일적십거(一積十鉅)의 형질적 변화가 생겨난다. 진화적 존재인 인간 역시 일적십거의 구성물이다. 그 안에서 용변(用變)하는 형태나 내용, 진화단계가 달라지게 된다. 그럼에도 우주에서 본(本)을 지닌 하나(一)의 근본 값은 한결같고, 그 목적 역시 달라지지 않는 것이 무진본이다. 이를 통해 지구와 인간의 존재목적에 따른 역할이 지속될 것임을 알 수 있다. 지구와 우주를 움직이는 섭리는 다르지 않은 것이고, 각각의 존재적 목적과 역할에 부합되는 운행이 한결같이 지속된다. 이러한 원리에 따른 존재적 진화로 인간이 본심(本心)을 지니게 되면, 인간 역시 나(我)로 순환되는 무진본(無盡本)의 상태가 된다. 이를 통해 만물과 인간을 나(我)로 순환될 수 있도록 진화시키는 것이 지구적 본(本)의 역할이다. 그리고 일종무종일(一終無終一)을 통하여 이러한 무진본이 우주의 목적인 진화를 위한 것임을 알 수 있다. 이를 위해 지구는 본(本)으로 천지인을 만들고, 인간이 마음을 본(本)으로 갖출 수 있도록 한결같이 지속해 준다. 천부경(天符經)은 무진본으로 인간의 진화가 마칠 때까지 본(本)이 같은 과정을 지속할 것임을 보여준다. 인간이 선택의 여지가 없는 진화의 길에 놓여 있음을 일깨우고자 하기 때문이다.

 신(神)이 길을 걷는 우주진화(宇宙進化)의 원리(原理), 천부경(天符經)

제 2 절

天一一, 地一二, 人一三(천일일 지일이 인일삼).

하늘은 첫 번째(一運)에서는 일(一)이고,
땅은 첫 번째(一運)에서는 이(二)이며,
인간은 첫 번째(一運)에서는 삼(三)이다.

天 하늘 천 / 一 하나 일 / 一 하나 일
地 땅 지 / 一 하나 일 / 二 두(둘) 이
人 사람 인 / 一 하나 일 / 三 세 번째, 석(셋) 삼

天一一, 地一二, 人一三.

하늘은 첫 번째(一運)에서는 일(一)이고, 땅은 첫 번째(一運)에서는 이(二)이며, 인간은 첫 번째(一運)에서는 삼(三)이다.

천일일 지일이 인일삼(天一一 地一二 人一三)은 운삼(運三) 중 1운(1運)에 관한 설명이다. 1운은 지구적 시간에 의해 본(本)인 삼극(三極)이 천지인(天地人) 삼재(三才)를 만들고, 삼극적 속성을 천지인으로 바꾸는 과정이다. 1운은 이를 위해 삼극이 상징하는 우주적 시간과 삼재가 상징하는 지구적 시간이 혼재되어 있는 상태이다. 이 과정을 통하여 지구는 작은 우주로서의 구조를 지니게 되고, 2운에서 커지고 합쳐져 그 역할을 수행할 수 있게 된다. 천지인은 삼극의 한 극(極)에 운행의 터전과 대상이 생겨난 것이다. 지구적 시간이 삼극의 속성으로 천지인이라는 독립된 시공(時空)을 만든 것이다. 본심(本心)에서 일어나는 인중천지일(人中天地一)의 천지(天地)가, 천지인의 천지(天地) 아닌 삼극의 다른 두 극(極)이 되는 이유이다. 이는 우주가 지구에서 삼극으로 무종일(無終一)의 존재를 만드는 것이 목적이기 때문이다. 시간이 지닌 방향성과 순환성 역시 우주의 목적이 진화에 있음을 보여준다. 1운은 이에 부합되는 지구적 시간이 방향성을 지니는 과정이다.

  신(神)이 길을 걷는 우주진화(宇宙進化)의 원리(原理), 천부경(天符經)

삼극(三極)과 삼재(三才)가 동시에 존재하게 된 것은 지구가 우주적 목적을 위한 별로 선택되었기 때문이다. 삼극의 상태에서는 진화가 일어날 수 없다. 진화를 수행할 존재가 없기 때문이다. 그런 까닭에 지구는 1운(1運)으로 진화에 적합한 시공(時空)의 토대와 존재를 갖추는 것이다. 운삼(運三)은 천지인(天地人)을 이에 적합한 상태로 만들고, 존재적 대상을 선택하여 진화시키는 과정이다. 1운에서 지구적 시공과 만물을 만들고, 2운(2運)에서 안정된 시공으로 만물 중 인간을 존재적 진화의 대상으로 선택하며, 3운(3運)에서 인간의 자체적 진화과정을 거치게 한다. 운삼으로 천지인이 운행되는 목적은 무종일(無終一)의 사성(四成)에 있고, 인간이 마치기 전까지의 운행방식은 환오칠(環五七)이다. 이처럼 1운에서 삼극을 기반으로 우주의 목적에 부합되는 지구적 시공(時空)과 존재들이 만들어진다. 이를 통하여 진화의 운행주체가 우주에서 지구로 전환된다.

1운(1運)은 천지인(天地人)이 삼극(三極)과 삼재(三才)의 양쪽 속성을 지니고 있는 상태이다. 삼극이면서 삼재인 것이고, 우주와 지구가 하나의 원리와 목적으로 이어지는 과정이다. 우주에 연결되지 않은 변화란 존재하지 않는다. 지구가 1운의 과정으로 우주와의 연결과정을 거침으로써, 지구라는 독립된 시공(時空)의 운행이 우주의 목적에 부합되게 된다. 우주의 모든 과정과 존재들은 하나의 무(無)로 연결되었고, 지구의 무(無) 역시 본래 우주의 무(無)이기 때문이다. 고로 1운은 지구가 석삼극(析三極) 상태에서 천지인(天地人)으로 운행구조가 전환되는 과정이다. 그런 까닭에 천지인이 삼극의 속성을 지니게 되고, 지구적 본(本)의 목적에 맞게 운행되는 것이다. 이처럼 우주와 지구의 시공이 이어져 연동됨으로써 지구에서 우주의 시간에 따른 진화가 시작된다. 1운으로 운행주체인 본(本)이 무(無)로 운행의 구조와 대상인 천지인을 만들었기에 가능한 것이다.

　천일일 지일이 인일삼(天一一 地一二 人一三)에서 중간의 일(一)은 운삼(運三)의 첫 번째 과정임을 의미한다. 1운(1運)에서 지구적 진화를 위한 시간(時)이 생기고, 그 시간에 따라 천지인(天地人)의 순서와 역할의 기준이 설정된다. 시간이 가장 먼저 생기는 것은, 시간이 없이는 어떤 변화나 진화도 일어날 수 없기 때문이다. 시간은 변화를 만들고, 그 시간의 흐름을 따라감으로 진화가 진행된다. 이때의 시간이란 우주의 복합적이고 다양한 시간들에서 독립적인 것이어야 한다. 그런 까닭에 우주는 각각의 별(星)에 독립된 시공(時空)과 존재를 만드는 역할을 부여함으로써, 우주의 목적에 부합되는 각각의 진화를 행하게 하는 것이다. 이에 따라 지구에도 그 목적에 부합되는 시간이 생겨나 우주에서 독립된 상태의 운행이 일어난다. 그런 까닭에 천부경(天符經)은 1운에서 일(一), 이(二), 삼(三)의 순서적 배열로 시간과 그 방향성에 대해 말하고 있다. 시간은 우주와 맞닿은 지구적 하늘에서 시작되어 지구적 존재까지 다다른다.

　시간은 삼극(三極)의 각각 다른 우주적 성질을 천지인(天地人)이라는 지구적인 형태로 자리잡도록 만든다. 지구가 우주의 시공(時空)에 존재하는 별인 것처럼, 천지인 삼재(三才)는 삼극의 시공에 생긴 별과 같은 것이다. 삼극과 천지인의 가장 큰 차이는 존재에 있다. 순서적으로 우주와 구분 짓는 하늘이 첫 번째로 생기고, 그 안에서 물질이 엉켜 땅(地)이 두 번째로 생기며, 만물은 그 사이(間)에서 세 번째로 생겨난다. 이러한 시간의 방향성은 천지인이 생긴 목적이 존재인 만물에 있음을 보여준다. 1운(1運)은 진화의 터전과 다양한 존재들이 우주적 목적에 의해 생겨남에 의미가 있다. 1운에서 2운(2運)과 구분 없이 인(人)을 사용하는 것은 만물에서 인간이 나왔음을 상징한다. 이렇게 운행된 지구적 진화의 결과가 인간(人)이고, 천지인의 삼재적 진화의 결실이 인간의 마음(心)이며, 그 천지인을 만든 삼극(三極)의 남은 두 극(極)이 담기는 것이 인중천지일(人中天地一)이 되는 것이다.

　지구는 1운(1運)을 통하여 우주의 목적에 부합되도록 천지자연(天地自然)의 기능적 구조를 갖추었다. 이때의 천지인(天地人)은 각각이 개별적으로 존재하는 구조적 완성일 뿐이다. 우주의 목적에 부합되기 위한 변화의 과정일 뿐, 진화적 운행이 일어나는 것은 아니다. 1운에서 터전과 대상인 만물을 만들고, 2운(2運)에서 그 목적대로 운행되어 만물이 커지고 인간으로 합쳐지게 된다. 고로 1운이 일어나 갖춘 수(數)는 개별적 천지인이기에 삼(三)이 되고, 이를 통해서도 1운의 목적이 삼(三)인 만물에 있음을 알 수 있다. 유동적인 우주의 시공(時空) 속 존재인 별(星)은 존재적 진화가 불가능하다. 이와 달리 지구의 천지(天地)는 고정되어 있고, 그 안의 존재인 만물은 존재적 역할이 고정되어 있기에 진화가 가능하다. 이렇게 고정된 시공과 존재를 지니게 됨으로써 생기는 안정성이 진화를 가능하게 하는 것이다.

 신(神)이 길을 걷는 우주진화(宇宙進化)의 원리(原理), 천부경(天符經)

제 3 절

一積十鉅(일적십거), 無櫃化三(무궤화삼).

하나(一)씩 쌓여 열(十)로 커지고,
상자(담김)는 없어지면 셋으로 화(化)한다.

一 하나 일 / 積 쌓다 적 / 十 열 십 / 鉅 클 거
無 없다 무 / 櫃(匱) 상자 궤 / 化 화하다 화 / 三 세 번째, 석(셋) 삼

┃一積十鉅,

┃하나씩 쌓여 열로 커지고,

　일적십거(一積十鉅)는 삼극(三極)이 천지인(天地人)을 구축하는 과정과 확장 가능한 지구의 크기를 보여준다. 일적십거의 확장이 무(無)인 상태에서 일어나는 것이기에 지구 전체와 같게 될 때까지 지속되기 때문이다. 이를 통하여 지구의 크기가 십(十)임을 알 수 있다. 그런 까닭에 일적십거는 지구의 진화과정의 기준이 된다. 지구가 십(十)이기에 운삼(運三)으로 진화되는 존재의 크기가 구(九)인 것이다. 일적(一積)은 만물이 독립된 각각의 존재로 역할을 지님을 의미한다. 십거(十鉅)는 그것들이 어우러져 있는 상태의 표현이다. 그런 까닭에 일적십거는 만물이 평등한 존재라는 의미를 포함한다. 2운(2運)보다 일적십거가 먼저 나오는 것은, 우주와 맞닿을 때까지 천지인이 확장되어 구조적으로 완성된 1운(1運)의 결과이기 때문이다. 이처럼 1운은 지구 전체의 질량과 크기를 확정하는 시간의 직선적 흐름이라면, 2운은 시간의 순환이기에 천지인이 커지고 합쳐지는 과정이 가능하다. 구조화된 천지인이 커지고 합쳐지는 과정을 통해서 시간의 직선과 순환이 하나가 되고, 3운(3運)의 운행을 통해 우주를 향해 진화하는 것이 가능해진다.

　　　　신(神)이 길을 걷는 우주진화(宇宙進化)의 원리(原理), 천부경(天符經)

일적십거(一積十鉅)는 삼극(三極)에서 생겨난 천지인(天地人)의 크기와 지구적 진화의 기준이다. 천부경(天符經)은 지구에 지구수(地球數)인 십(十=10)보다 큰 것은 존재할 수 없다고 가르친다. 운삼(運三)의 과정에서 가장 큰 수(數)가 구(九)인 이유이다. 구(九)를 넘어 지구수인 십(十)과 같아지면, 지구적 한계에서 벗어난 우주적 존재가 된다. 그런 까닭에 일적십거의 십(十)인 지구적 토대수를 기반으로 운삼의 진화수인 일(一)부터 구(九)가 같은 기준으로 쌓여 진화되는 것이다. 일적십거와 운삼으로 삼극의 수(數)는 십(十)이 되는 것이고, 천지인 삼재(三才)의 수(數)는 구(九)임을 알 수 있다. 이로 인하여 천지인이 하나인 상태로 진화된 본심(本心)은 구(九)가 되고, 삼극이 하나인 상태로 진화된 인중천지일(人中天地一)은 십(十) 되는 것이다. 일적십거는 지구가 보이는 무(無)와 보이지 않는 무(無)로 가득 채워진 상태이고, 이는 인간이 무(無)로 가득 채워져 우주와 맞닿은 인중천지일(人中天地一)의 모습과 같다. 삼극과 삼재가 혼재된 1운의 일적십거는 운삼과 더불어 지구가 진화를 위한 시공임의 근거가 된다.

천부경(天符經)에는 영(0)이라는 개념이 없다. 이미 존재하고 있는 것에 대한 채움이기 때문이다. 일적십거(一積十鉅)로 마침이 이루어진 십(十=10)을 다룸으로써, 영(0)이 지닌 완성과 시작이라는 무(無)의 속성을 보여준다. 이를 통하여 지구수(地球數)인 십(十)이 우주에서는 새로운 출발점인 것을 보여줌으로써, 인간이 일종(一終)하면 무종일(無終一)로 새로운 존재가 되는 이유를 설명한다. 천부경(天符經)은 지구가 완전해진 형상을 거(鉅)로 표현하고 있다. 거(鉅)는 쌓아감으로 '일(一)부터 십(十)까지의 전체로 커짐(巨)과 그 형상과 역할이 자리잡아 쇠처럼 변하지 않게 굳어짐(金)'을 의미한다. 일적십거는 본(本)인 삼극(三極)이 1운(1運)의 과정에서 천지인(天地人)적 토대로 변화된 것이다. 이 토대 위에서 만물은 무궤화삼(無櫃化三)의 방식으로 운행된다. 천부경은 일적십거를 통하여 인간이 운삼(運三)으로 구(九)에 다다라 무종일(無終一)하여 하나의 무(無)가 되면 지니게 되는 수(數)로 십(十)을 제시하는 것이다. 지구의 크기와 존재성의 기준을 일적십거로 보여줌으로써, 구(九)에 다다른 인간에게 마침의 기회가 주어지는 이유를 보여주고 있다.

일적십거(一積十鉅)는 지구적 진화를 위한 과정이다. 이를 통하여 우주가 지구에 부여한 진화의 기준과 우주에서 지구가 지닌 크기와 존재성을 규정한다. 천부경(天符經)은 이처럼 지구적 존재의 한계와 그것을 극복하는 과정을 보여줌으로써 우주적 진화를 전하기 위한 경전임을 명확히 한다. 십(十)은 지구가 우주에서 일어나는 가장 작은 진화 단위이자

 신(神)이 길을 걷는 우주진화(宇宙進化)의 원리(原理), 천부경(天符經)

진화의 출발점임을 의미한다. 그리고 인간이 십(十)으로 마치는 것이 더 큰 우주진화의 과정에 들어가기 위한 것임을 무종일(無終一)로 보여준다. 그런 까닭에 인간이 일적십거의 과정을 거쳐 십(十)이 된다면, 그 뒤의 수(數)는 십일(十一)부터 시작될 것이다. 지구에서 십(十)보다 작은 구(九)까지는 그치면(死=己) 땅인 오(五)로 돌아가 다시 생겨나야 한다. 구(九)까지의 그침은 십(十)의 마침에 다다르지 못함이고, 환(環)은 그 기회가 재생됨을 의미한다. 반면에 인중천지일(人中天地一)의 십(十)으로 마치면 본래의 목적대로 우주의 무(無)로 돌아간다. 일적십거는 이를 위해 자리잡은 지구적 토대인 것이고, 그 토대 위에서 일어나는 운행 방식이 무궤화삼(無櫃化三)이다.

無櫃化三.

상자(담김)는 없어지면 셋으로 화(化)한다.

일적십거(一積十鉅)가 천지인(天地人)의 구조적 확장이라면, 무궤화삼(無櫃化三)은 천지인의 구조적 순환이다. 순환의 기준은 궤(櫃), 즉 보여지는 무(無)로 시간을 담고 있는 몸이다. 무궤화삼은 이 궤(櫃)의 생겨남과 없어져 돌아가는 소멸의 방식이다. 일적(一積)은 궤(櫃)와 무궤(無櫃)로 연결되는 존재적 구분이고, 십거(十鉅)는 화삼(化三)이 일어나는 터전이다. 무궤는 드러났던 존재적 구분이 없어지는 변(變)에 관한 것이고, 화삼은 형질이 완전히 달라지는 화(化)에 관한 것이다. 궤(櫃)는 '만물이 형상을 지니고 있는 상태'를 상징한다. 석삼극(析三極)의 재료(木)인 무(無)로 만든 상자(匱)가 만물임을 말하고 있다. 그런 까닭에 무궤(無櫃)의 무(無)는 상자(櫃)가 무(無)로 돌아가는 것을 의미한다. 무궤로 존재성이 사라지면 화삼을 통해 본래 왔던 곳으로 돌아간다. 이는 천지인 안에서 무(無)로 궤(櫃)가 만들어지고 무(無)로 돌아가는 것이 거듭됨을 의미한다. 그런 까닭에 궤화(櫃化)는 지구적 진화과정의 천부경적 표현이 될 수 있다.

화삼(化三)은 만물인 궤(櫃)가 천지인(天地人), 즉 일적십거(一積十鉅)의 1운(1運)으로 돌아감을 뜻한다. 우주와 지구가 연결된 상태의 천지인(三)으로 돌아감은 만물이 우주적 목적에 의해서 생겨난 것이기 때문이다. 이 과정을 통하여 만물은 1운에서 새로운 시간을 부여 받아 생겨난다. 화삼은 대삼합육(大三合六)과 환오칠(環五七)로 연결되어 만물과 인간이 같은 삼(三)의 존재임을 설명한다. 만물은 삼(三)으로 돌아감을 거듭하기에 지구적인 동시에 우주적 속성을 지니게 된다. 또한 화삼은 생겨났던 궤(櫃)에 담긴 무(無)의 기억과 시간을 1운의 무(無)에 채운다. 지구는 화삼으로 더해진 무(無)의 시간과 기억들을 진화에 활용하고, 진화단계에 따라 무궤화삼과 환오칠을 구분하여 적용한다. 그런 까닭에 만물과 인간은 우주적 진화라는 목적성을 잃지 않게 된다. 무시일(無始一)로 독립한 지구는 삼극(三極)을 본(本)으로 자립하였다. 그리고 천지인(天地人)으로 우주의 목적에 부합하는 마침(終)의 대상으로 인간을 선택한다. 무궤화삼(無櫃化三)은 삼극으로 자립한 지구가 천지인을 통한 진화가 가능하도록 하는 순환의 방식이다.

무궤화삼(無櫃化三)은 지구 안 존재의 순환에 관한 기본원리이다. 그것이 2운(2運)에서는 대삼합육(大三合六)으로 인간을 공급하는 것이 되고, 3운(3運)에서는 인간을 순환시키는 환오칠(環五七)이 된다. 그 과정에서 일종(一終)할 때까지 만물과 인간이 어김없이 1운(運)으로 돌아가 시간을 부여 받는 것은 무궤화삼의 원리를 따른다. 이러한 무궤화삼의 순환에서 벗어나는 방법은 마침(終)뿐이다. 천부경(天符經)이 죽음(死)을 상징하는 단어를 사용하지 않는 것은, 무(無)에 기반하는 우주에는 죽음이 있을 수 없기 때문이다. 상자(櫃)에 담겼던 무(無)가 상자가 사라져 본래의 무(無)가 되는 것뿐이다. 이러한 과정과 상태가 무궤화삼이다. 이 돌아감의 무(無)가 지구적인가 아니면 우주적인가에 따라 순환과 마침의 차이가 있게 된다. 무궤화삼은 그침(死=己)을 통한 순환(環)의 형태를 보여줌으로써 무(無)의 존재성에 대해 가르쳐준다.

천부경(天符經)은 1운(1運)의 무궤화삼(無櫃化三)과 2운(2運)의 대삼합육(大三合六)으로 만물과 인간에게 3운(3運)의 기회가 공평하게 주어짐을 보여준다. 만물(萬物)과 인간이 화(化)하여 삼(三)으로 돌아가 시간을 부여 받고 합육(合六)으로 인간으로 생겨남이 다르지 않기 때문이다. 진화된 인간이 만들어진 이후에도, 만물에게 지구적 진화의 기회가 열려있다는 의미이다. 이때의 진화는 생물학적인 것이 아니라 우주적 진화가 된다. 화삼(化三)에 분별없이 삼(三)으로 돌아감과 인간의 순환인 환오칠(環五七)이 합육(合六)으로 연결되어 있는 이유이다. 이처럼 3운에서 몸(櫃)은 2운의 천지인과 형질적으로 연동된 것이기에 오(五)로 돌아가지만, 몸이 생겨나는 시간은 1운에서 받는 것이기에 그것이 가능하다.

화삼(化三)은 우주와 연동된 시간을 받는 과정이다. 이렇게 부여된 시간이 궤(櫃)로 생(生)한 존재가 지니는 유한한 무(無)이다. 생(生)한 존재를 만든 무(無)는 그것을 담고 있는 상자(櫃)가 없어지면 다시 본래의 무(無)로 돌아간다. 지구의 본(本)은 화삼으로 진화의 지속성을 유지할 수 있다.

만물이 없는 삼극(三極)의 무(無)와 만물이 가득한 삼재(三才)의 무(無)는 이처럼 무궤화삼으로 연결되어 작동된다. 이는 지구와 인간이 우주의 목적에 부합하는 과정에서 벗어날 수 없기 때문이다. 그런 까닭에 무궤(無櫃)가 되면 2운(2運)의 땅인 오(五)로 돌아가고, 화(化)하여 1운(1運)의 삼(三)으로 흩어졌다가, 다시 3운(3運)에서 육(六)과 합쳐져 칠(七)로 생겨나는 운삼(運三)으로 인간의 진화가 작동되는 것이다. 천부경(天符經)이 무궤와 화삼을 순서적으로 배치한 까닭이다.

제 4 절

天二三, 地二三, 人二三(천이삼 지이삼 인이삼).

하늘도 두 번째(二運)에서는 삼(三)이고,
땅도 두 번째(二運)에서는 삼(三)이며,
인간도 두 번째(二運)에서는 삼(三)이다.

天 하늘 천 / 二 두(둘) 이 / 三 세 번째, 석(셋) 삼
地 땅 지 / 二 두(둘) 이 / 三 세 번째, 석(셋) 삼
人 사람 인 / 二 두(둘) 이 / 三 세 번째, 석(셋) 삼

 신(神)이 길을 걷는 우주진화(宇宙進化)의 원리(原理), 천부경(天符經)

天二三, 地二三, 人二三.

하늘도 두 번째(二運)에서는 삼(三)이고, 땅도 두 번째(二運)에서는 삼(三)이며, 인간도 두 번째(二運)에서는 삼(三)이다.

운삼(運三)의 두 번째 운행인 2운(2運)에 관한 설명이다. 1운(1運)이 천지인(天地人)으로의 확장을 통한 구조화의 과정이라면, 2운은 천지인이 본(本)의 목적에 부합되는 운행을 하도록 통합되는 과정이다. 천이삼 지이삼 인이삼(天二三 地二三 人二三)의 이(二)는 두 번째 변화인 2운을 의미하고, 삼(三)은 1운(1運)의 천지인과 만물을 의미한다. 그리고 대삼합육(大三合六)을 통하여 2운의 각각 커진 천지(二)가 만물인 삼(三)에서 합쳐진 것이 육(六)이 됨을 보여준다. 2운은 개개의 천지인을 구성하는 1운의 과정이 끝난 후, 교류와 순환을 통하여 하나인 상태로 합치는 구조화의 과정이다. 2운의 과정을 통하여 진화적 목적에 부합하는 운행이 가능해진 것이다. 이를 통하여 만물이 지구적 진화를 위해 하나의 존재로 압축된다. 이렇게 압축된 존재인 인간은 시간의 방향성으로 인한 커짐(大)과 시간의 순환성을 인한 합쳐짐(合)의 성질을 지니게 된다. 진화를 위한 고정된 터전과 대상, 운행원리가 2운에서 완성되는 것이다. 이후로는 천지인(天地人)의 구조와 역할에 변화가 생기지 않는다. 시공(時空)에 우주의 목적에 부합되는 방향성과 흘러감이 안정되었기 때문이다.

　1운(1運)이 시간을 통한 나뉘어짐의 과정이라면, 2운은 공간을 통한 지구적 통합의 과정이다. 1운에서 시간의 흐름을 통하여 각각의 천지인(天地人)이 자리잡았고, 2운(2運)에서 시간의 순환을 거친 천지인은 하나인 상태로 작동된다. 1운에서 셋으로 분화된 상태였던 본(本)이 다시 하나(一)인 상태로 합쳐진 것이다. 본(本)인 삼극(三極)에 부합되어 흘러가는 천지인의 순리와 그 안의 순환인 인과가 스스로 틀림없이(自然) 행해지게 되는 과정이다. 이러한 과정으로 지구는 한결같게 지속되어 만물이 살아가는 소우주로 완성되었다. 이것이 지구적 운영체계인 천지자연(天地自然)이고, 지구의 독립된 시공(時空)이 생명을 길러낼 수 있는 어른이 되었음을 의미한다. 그 결과로 삼극의 시공에서 삼재가 생겨나 독립한 것처럼, 삼재(三才)의 시공에서는 인간이 독립하였다.

　일시무시일(一始無始一)로 우주에서 지구가 독립하여 석삼극(析三極)으로 자립한다. 그리고 삼극(三極)은 1운(1運)과 2운(2運)을 거쳐 천지인(天地人)에서 인간을 독립시켜 자립하도록 만든다. 이것이 지구적 진화의 방식이다. 지구가 1운과 2운에서 독립과 자립의 분화와 통합의 과정을 거쳤기에, 천지인의 운행이 하나의 방향으로 지속될 수 있다. 1운의 시간적 직선(直線)이 2운에서 시간적 원(圓)이 되어, 3운 (3運)에서 하나의 선택된 존재가 직선과 원으로 이루어진 진화의 방향성을 지니게 된 것이다. 이러한 과정이 운행의 주체에 달라짐을 만든다. 1운의 주체는 삼극이고, 2운의 주체는 천지인이며, 3운의 주체는 인간으로 계속 달라지는 이유이다. 하나(一)가 비롯되고, 비롯된 하나(一)가 셋(三)이 되며, 셋(三)이 다시 하나(一)가 되어 무(無)로 마치는 것이 천부경(天符經)의 운행원리이다. 이 과정에서 무(無)로 마칠 수 있는 지구의 유일한 존재가 인간이 된 것이다. 2운은 지구적 진화가 지속되고 드러나는 항구적 시공간을 만들었다. 이를 통하여 시간을 머금은 공간이 지구적 진화의 시공으로 자리 잡았다. 그런 까닭에 환오칠(環五七)에서 공간적 결실이자 순환을 상징하는 몸은 2운으로 돌아가고, 1운에서 시간을 부여 받아 돌아오는 것이다.

석삼극(析三極)으로 나뉘어진 지구는 2운(2運)에서 통합된 시공(時空)으로 천지인(天地人)을 완성한다. 2운에서 비로소 천지인이 하나로 연동된 터전이 된 것이다. 이렇게 형성된 천지인에는 천일 지이 인삼(天一 地二 人三)의 1운(1運)의 순서와 2운의 순환을 따라 사(四) · 오(五) · 육(六)의 수(數)가 배정된다. 2운의 인이삼(人二三)이 상징하는 것은 인간(人)이다. 이 과정을 통하여 만물이 진화적 의미를 갖게 되

고, 인간이 만물 중에서 진화의 주체로 자리잡는다. 그 근
거는 대삼합육(大三合六)에서 찾을 수 있다. 이는 2운의 삼
(三)인 만물에 천지(天地)가 합쳐진 것을 상징한다. 이 원리
는 본심(本心)과 인중천지일(人中天地一)에서도 같은 원리
로 적용된다.

2운(2運)이 1운(1運)의 순서적인 배열에 따라 천이사 지이
오 인이육(天二四 地二五 人二六)이 아닌 천이삼 지이삼 인
이삼(天二三 地二三 人二三)이 된 이유를 살펴보아야 한다.
그것은 1운이 삼극(三極)에서 천지인(天地人) 생겨나는 과정
이고, 2운은 이미 존재하는 천지인의 통합과정이기 때문이
다. 생겨남과 생겨난 것의 구조화라는 과정적 차이를 보여
주는 것이다. 그 통합의 주체는 천지인 삼재(三才)의 삼(三)
이고, 그 통합의 대상은 인일삼(人一三)의 만물인 삼(三)이
다. 그런 까닭에 순차적인 1운과 달리 2운은 천이삼 지이삼
인이삼으로 표기하여, 천지인이 각각 본(本)인 삼극의 속성
을 지니게 됨을 보여준다. 더불어 일(一)과 이(二)인 천지(天
地)가 그 사이의 공간에 존재하는 만물인 삼(三)을 키워 합
쳐지는 것임을 보여준다. 지구는 우주적 목적인 진화를 위
해 생겨난 것이고, 그 진화의 대상은 천지(天地)가 아니라
만물(三)이기 때문이다. 고로 천이삼 지이삼 인이삼으로 삼
(三)이 커지고(大) 합쳐진(合) 터전으로서의 육(六)이, 삼(三)

  신(神)이 길을 걷는 우주진화(宇宙進化)의 원리(原理), 천부경(天符經)

인 만물을 키우고(大) 합쳐(合) 존재로서의 육(六)인 인간으
로 존재적 진화를 행하는 것이 된다.

제 5 절

大三合六(대삼합육), 生七八九(생칠팔구).

삼(三)이 커져서 합쳐진 육(六)이,
생겨남이 칠(七) · 팔(八) · 구(九)이다.

大 크다 대 / 三 세 번째, 석(셋) 삼 / 合 합하다 합 / 六 여섯 육
生 날 생 / 七 일곱 칠 / 八 여덟 팔 / 九 아홉 구

신(神)이 길을 걷는 우주진화(宇宙進化)의 원리(原理), 천부경(天符經)

大三合六,
삼(三)이 커져서 합쳐진 육(六)이,

대삼(大三)의 삼(三)은 터전인 천지인(天地人)과 그 대상인 만물을 가리키고, 대(大)는 그 천지인이 커지는 것과 만물을 키우는 것을 의미한다. 합육(合六)은 그것의 결과로써, 커져서 합쳐진 상태의 천지인과 만물을 키워서 합친 존재로서의 인간을 상징한다. 대삼(大三)이란 삼극(三極)이 1운(1運)과 2운(2運)의 과정을 거쳐 하나의 목적을 지닌 천지인으로 커진 것이다. 각각의 천지인 삼재(三才)가 다른 두 개를 품어 삼(三)으로 커지게 된다. 커진다는 것은 천지인이 온전한 하나의 상태로 겹쳐진 것이고, 지구가 하나의 목적으로 운행됨을 의미한다. 이 하나의 목적은 우주 진화과정에 부합하는 존재적 진화이다. 이를 위해 천지인의 터전이 커지고(大) 합쳐지는(合) 것과 진화의 대상을 키우고(大) 합치는(合) 것이 대삼합육(大三合六)의 의미이다. 그런 까닭에 대삼(大三)은 합육(合六)과 이어져 존재적 진화에 대해 설명하고, 그 대상이 천지인 중 유일한 진화의 존재인 삼(三)의 만물임을 가리킨다. 그 만물이 천지(天地)를 머금어 커지고 합쳐져 진화적으로 독립한 것이기에 육(六)이 된다. 또한 2운의 대삼합육(大三合六)은 천지인이 만물을 지속적으로 육(六)인 존재로 합치는 것을 거듭할 것임을 보여준다.

시간을 통해 삼극(三極)이 천지인(天地人)을 만든 것이 진화를 위한 것임을 알 수 있다. 이를 설명하는 과정이 운삼(運三)이다. 1운(1運)과 일적십거(一積十鉅)로 시간의 직선적 특성인 쌓임을, 2운(2運)과 대삼합육(大三合六)으로 시간의 순환적 특성인 키움(大)과 합쳐짐(合)을 보여준다. 그 결과인 3운(3運)의 생칠팔구(生七八九)에서 시간의 직선과 순환성이 하나로 작용되어, 인간의 존재적 진화가 운행되는 것이다. 이것이 1운의 독립된 천지인이 2운에서 육(六)으로 커지고 합쳐지는 이유이다. 천지인이 만들어지는 과정인 1운의 수(數)는 삼(三)이고, 그 천지인이 합쳐진 2운의 수(數)는 육(六)이 된다. 이에 따라 천지인을 만든 삼극의 상징수는 삼(三)이 되고, 완성된 천지인 삼재(三才)의 상징수는 육(六)이 된다. 이와 같은 원리로 육(六)은 만물인 삼(三)의 진화 결과이고, 구(九)는 육(六)인 인간이 진화된 결과가 된다. 지구가 생겨난 것이 우주의 목적에 부합하는 존재로의 진화를 위한 것이고, 삼(三)인 만물이 커져서 합쳐진 육(六)이 인간을 상징하는 수(數)이기 때문이다. 그런 까닭에 합육(合六)인 천지인 위에서 합육(合六)의 존재로 생겨나는 것이 인간임을 알 수 있다. 삼극은 2운에서 천지인 셋(三)을 하나의 상태인 육(六)으로, 천지인은 삼(三)인 만물 중 인간을 육(六)인 진화의 대표로 만들었다.

 신(神)이 길을 걷는 우주진화(宇宙進化)의 원리(原理), 천부경(天符經)

　1운(1運)의 천일 지이 인삼(天一 地二 人三)의 순서에 따라 2운(2運) 상태에서 천(天)은 사(四), 지(地)은 오(五), 인(人)은 육(六)이 된다. 본(本)인 삼극(三極)은 대삼합육(大三合六)으로 만물 중 단 하나의 진화 대상을 인간으로 결정했다. 인간이 만물과 달리 천지(天地)를 자기 안에서 합치는 것이 가능한 이유이다. 그 합쳐짐의 터전이 합육(合六)으로 만들어진 마음자리이고, 과정적 합쳐짐의 상태가 본심(本心)이며, 마침으로 합쳐진 것이 인중천지일(人中天地一)이다. 합육(合六)은 지구에 마침(終)의 터전과 그 대상이 육(六)으로 갖추어진 상태이고, 고로 육(六)인 천지인은 마침을 위해 하나(一)의 상태로 운행된다. 이 과정에서 육(六)의 인간이 일묘연(一妙衍)하여 천지인(天地人)을 합쳐내면 마음(心)을 지닌 구(九)가 된다. 대삼합육으로 인간이 생겨난 원리를 따라, 인간이 삼변(三變)하는 대육합구(大六合九)로 본심(本心)이 만들어지는 것이다.

　천지인(天地人)은 대삼합육(大三合六)으로 하나의 목적을 공유하게 되었다. 일(一)인 천(天)과 이(二)인 지(地)가 커져서 삼(三)인 만물에 합쳐져 육(六)이 되는 것이기도 하기 때문이다. 대삼합육으로 우주의 목적에 부합되는 진화를 위한 터전으로서의 육(六)과 그 대상으로서의 육(六)을 갖추는 것이 마무리 되었다. 이것이 삼(三)이 커지고 합쳐져 육(六)이 되는 의미이다. 1운(1運)에서 개별적 존재였던 만물은 2운(2運)에서 천지(天地)를 머금어 인간을 독립시켰다. 이와 같은 방식으로 독립된 인간이 자립하는 것이 구(九)이다. 이처럼 천부경(天符經)은 삼(三)인 만물과 육(六)인 인간을 진화적으로 구분한다. 그런 까닭에 천부경은 우주의 목적에 부합하는 지구적 진화가, 일적십거(一積十鉅)로 커짐과 분화된 것이 합쳐짐을 거듭하여 본(本)으로 돌아가는 과정이라 설명한다. 천부경이 커짐과 합쳐짐을 상징하는 터전이자 존재인 육(六, 6)을 81자 중앙에 놓은 이유이다.

　삼(三, 3)에서 육(六, 6)으로, 육(六, 6)에서 다시 구(九, 9)로의 존재적 진화는 우주의 목적에 부합하는 지구적 진화과정이다. 지구가 일적십거(一積十鉅)로 천지만물(天地萬物)을 만들고, 대삼합육(大三合六)으로 만물 중 인간을 선택하는 과정을 거치는 이유이다. 고로 삼(三)이 진화의 대상으로 선택되기 전의 인간을 포함하는 만물이라면, 육(六)은 궤화(櫃化)의 과정을 거쳐 본(本)인 마음을 위한 자리를 지닌 인간을 상징하는 것이 된다. 그러나, 커지고 합쳐진 상태인 육(六)은 만물이 모두 마침에 도전할 수 있는 상태에 놓인 것이다. 그것이 합육(合六)의 인간과 생칠(生七)의 인간이 지니는 의미적 차이이다. 생칠(生七)한 인간만이 진화를 위해 천지(天地)를 활용할 수 있게 된다. 합육(合六)한 이후에는 십(十)에 다다르는 여정만이 남는다. 만물이 인간을 상징하는 수인 육(六)으로 합쳐졌고, 생칠(生七)로 상징되는 인간으로 태어나면 그 기회를 얻게 되는 것이라고 천부경(天符經)은 말한다. 이처럼 육(六)의 상태를 공유하는 인간과 만물은 다르지 않다. 만물은 인간의 진화과정에서 어머니(母)와 같고, 인간은 부동본(不動本)을 지니지 못하면 그 만물로 돌아가야 한다.

生七八九.

생겨남이 칠(七) · 팔(八) · 구(九)이다.

생칠팔구(生七八九)가 운삼(運三) 중 마지막 3운(3運)이다. 3운은 지구적 진화의 터전과 대상인 인간이 하나인 상태로 우주적 목적에 부합하고자 마침에 도전하는 과정이다. 칠(七) · 팔(八) · 구(九)는 생(生)한 인간의 존재적 진화과정을 상징하고, 일묘연(一妙衍)의 과정적 특징과 연결하여 그 기준을 살필 수 있다. 2운(2運)의 과정을 통하여 천지인(天地人)이 완성되어 진화의 터전과 대상의 운행방식이 결정되었다. 생칠팔구는 인간으로서 생(生)을 살아가는 과정이고, 생(生)의 순환이 거듭됨을 의미한다. 즉, 2운의 천지인 위에서 마침(終)에 도전하는 인간의 진화과정인 것이다. 고로 천부경(天符經)에서 생칠팔구는 만물이 인간으로 운행되는 마지막 진화과정이다. 삼(三)인 천지인에서 일어났던 대삼합육(大三合六)의 과정이 육(六)인 인간 안에서 일어나는 과정이다. 생칠팔구는 인간이 지구의 순리를 따라가 칠(七)과 팔(八)의 과정을 거쳐 구(九)까지 커져야 한다는 의미이다. 합쳐진 육(六)에서 생겨난 유일한 진화적 존재이고, 십(十)인 지구에서 인간으로서 커질 수 있는 최대의 수(數)가 구(九)이기 때문이다.

일묘연(一妙衍)의 과정에서 십(十)인 인중천지일(人中天地一)을 위한 과정은 지구적 진화가 아닌 우주적 진화과정이다. 이를 위해 한 생(生)에서 칠팔구(七八九)를 모두 연결할 수도 있고, 생칠(生七)·생팔(生八)·생구(生九)하는 각각의 윤회적 단계를 밟아야 할 수도 있다. 만물은 삼극(三極)에서 나온 것이기에 십거(十鉅)의 십(十)보다 커질 수 없다. 진화의 목적은 그 한계를 극복하는 것이고, 이것이 가능한 유일한 존재가 인간이다. 십(十)에 다다라 무(無)로 마친다는 것은 십(十)인 지구적 경계를 넘어 우주의 무(無)인 상태가 되는 것이다. 인간의 생칠팔구(生七八九)는 십(十)으로 마치지 못하면 다시 순환의 고리(環)로 돌아가야 한다. 그 순환의 고리에서 과정적 결실에 따라 생겨남의 기회에 차이가 생기게 된다는 것이 칠(七)·팔(八)·구(九)의 의미이다. 이 과

 신(神)이 길을 걷는 우주진화(宇宙進化)의 원리(原理), 천부경(天符經)

정에서 칠(七)은 하늘의 시간에 의한 운행에 따른 존재에 불과하고, 그 과정을 거쳐 땅 위에 뿌리내리면 팔(八)이 되어 인간으로서 순환할 수 있으며, 존재적으로 본(本)을 자각하면 마음을 지닌 구(九)가 되어 나(我)로 순환한다는 차이가 생기는 것이다.

천부경(天符經)은 우주와 지구, 만물과 인간에게 공히 적용되는 하나의 원칙을 가르치고자 한다. 그것은 만물 전체에 적용되는 생존과 진화의 기본법칙이고, 만물과 인간이 멈추지 않고 진화해야 하는 이유를 설명한다. 이를 위해 지구는 터전과 대상을 순차적으로 진화시키는 과정을 거치는 것이다. 마찬가지로 인간에게도 칠(七)·팔(八)·구(九)의 진화적 구분이 생긴다. 이처럼 생칠팔구(生七八九)는 생(生)을 진화를 위해 사용함으로써, 칠(七)·팔(八)·구(九)의 진화적 단계를 밟아가야 함을 보여준다. 이 단계를 밟아감에 칠(七)은 만물의 본능을 활용하고, 팔(八)은 인간의 감정을 활용하며, 구(九)는 나(我)의 마음을 활용하는 것이 일묘연(一妙衍)의 진화이다. 이미 비롯된(始) 것 안에서 생겨난 존재는 마침(終)이라는 의무이자 권리인 생(生)의 이어짐에서 벗어날 수 없다.

일시(一始)의 입장에서 생칠팔구(生七八九)는 2운(2運)까지의 과정과 구분되는 생겨남(生)이다. 합육(合六)이 일시(一始)의 입장에 부합하는 존재를 만드는 것이라면, 생칠팔구는 그 존재가 생(生)으로 진화의 목적에 부합해 가는 것이다. 합육의 인간이 인간으로서의 첫 진화단계에 놓이는 것이 칠(七)이다. 이는 환오칠(環五七)로도 알 수 있다. 칠(七)은 만물의 자리에서 순환하기에 육(六)의 상태를 공유한다. 고로 다시 인간으로 생(生)하는 것이 보장되지 않는다. 이러한 과정을 거듭하여 인간은 칠(七)의 과정을 거쳐 팔(八)과 구(九)로 진화되고, 점점 십(十)에 가까운 상태로 태어나게 된다. 그런 까닭에 생칠팔구(生七八九)는 인간의 존재적 진화과정의 운삼(運三)이다. 인간은 구(九)의 상태로 태어나야 십(十)에 다다르기 수월하다. 그런 까닭에 인간의 진화단계적 차이로 쓰이는 칠팔구(七八九)는 인간의 근기(根機)적 차이를 드러낸다. 이러한 생칠팔구(生七八九)의 진화여정은 그 특성을 따라 인간의 존재적 상태로 구분하여 설명할 수 있다. 칠(七)은 만물으로서의 인간이고, 팔(八)은 인간으로서의 인간이며, 구(九)는 성인(聖人)으로서의 인간이고, 십(十)인 인중천지일(人中天地一)은 신(神)으로서의 인간이 된다.

　인간은 만물과 달리 환오칠(環五七)이라는 별개의 방식으로 순환한다. 이는 인간이라는 존재가 진화적으로 거듭되어

　　신(神)이 길을 걷는 우주진화(宇宙進化)의 원리(原理), 천부경(天符經)

야 하기 때문이다. 그 생겨남을 결정하는 자리가 만물이면 칠(七), 인간이면 팔(八), 나(我)이면 구(九)가 된다. 고로 환오칠과 연결된 생칠팔구(生七八九)는 인간이 환오칠(環五七)에서 벗어나 환오팔(環五八) 또는 환오구(環五九)해야 하는 것임을 제시한다. 칠팔구(七八九)는 삼(三)에서 육(六)이 되는 과정을 인간 안에서 거치는 것이다. 고로 인간으로 태어나면 만물일 때의 경쟁본능을 버리고 인간으로서 진화하는 생(生)을 사는 것이 필요하다. 육(六)은 풀이 구분 없이 우거진 들판이고, 칠(七)은 우거진 풀을 제거하여 터를 닦아가는 것이며, 팔(八)은 그 터에 집을 지어가는 것과 같다. 구(九)는 마음(心)으로 완공된 그 집을 꾸며감으로 완성시키는 과정이다. 이것이 합육(合六)과 생칠팔구로 인간이 마음(心)이라는 천지(天地)를 담을 집을 만들어 가는 과정이다. 인간은 십(十)에 가까운 상태로 생겨나기 위해, 생(生)과 환(環)을 목적이 아닌 기회로 삼아 진화해야 한다. 이는 인간이 본심(本心)을 만드는 과정이고, 불변하는 마음의 특성이다. 그런 까닭에 마침에 다다른 인간인 신(神)을 섬기는 종교가 모두 마음에 대해 말하는 것이다. 부처는 이를 '불성(佛性)'이라고 하고, 예수는 '네 안의 하나님'이라고 하며, 노자는 '도(道)'라고 하였다.

제 6 절

運三(운삼), 四成(사성), 環五七(환오칠).

운행은 셋(三)으로 하며,
넷(四)에서 이루어지고,
오(五)와 칠(七)로 순환한다.

運 돌다, 운행하다 운 / 三 세 번째, 석(셋) 삼
四 넉 사 / 成 이루어지다 성
環 돌다, 고리 환 / 五 다섯 오 / 七 일곱 칠

　　신(神)이 길을 걷는 우주진화(宇宙進化)의 원리(原理), 천부경(天符經)

運三,
운행은 셋으로 하며,

운삼(運三)은 '운행되는 삼(三)과 세 번의 운행(三運)'을 의미한다. 운(運)은 지속되는 시간적 흐름이고, 삼(三)은 그것의 대상이다. 삼(三)은 지구적 진화의 관점에서는 천지인(天地人)이고, 존재적 진화의 관점에서는 만물이 된다. 그리고이 두 가지의 삼(三)이 운행되는 과정에서는 세 번의 단계를 의미한다. 이러한 단계적 과정에서 진화의 터전인 천지인 삼재(三才)의 삼(三)과 진화의 대상인 만물의 삼(三)이 하나인 상태로 운행되는 것이 운삼이다. 천부경(天符經)은 운삼의 단계마다 그 운행에 따른 결과와 짝지어져 있다. 1운(1運)에서 천지인 세 가지가 생겨나 일적십거(一積十鉅)로 확장하여 무궤화삼(無櫃化三)으로 순환하는 구조를 지니게 된다. 2운(2運)에서는 확장된 천지인(三)이 하나로 순환되면서 만물을 키우고 합쳐 그 대표인 인간(六)을 진화의 존재로 만들었다. 3운(3運)은 인간이 우주의 목적에 부합되는 하나의 길을 합육(合六)인 천지인 위에서 생칠팔구(生七八九)로 거치는 과정이다.

천부경(天符經)이 삼운(三運)이 아닌 운삼(運三)을 사용하는 것은 뒤에 오는 사성(四成)과 의미적으로 다른 것임을 보이기 위함이다. 운삼이 지구적 시공(時空)과 대상이 운행되는 과정이라면, 사성(四成)은 운삼을 포함한 네 차례라는 과정과 네 번째에서 이루어지는 결실을 의미한다. 이는 세 번의 운행과 네 번째의 이루어짐으로 이어지지만, 서로 독립된 상태로 작동되는 것이기 때문이다. 운삼으로 거듭되는 과정에 사성으로 매듭을 지어주는 것이고, 이것이 진화과정에 차이와 거듭됨을 만드는 원리이다. 운삼의 터전과 대상의 변화 과정을 통하여 사성의 진화적 이루어짐이 거듭되는 것이다. 운삼의 운행대상인 천지인(天地人)의 터전에서 진화적 존재는 삼(三)·육(六)·구(九)로 세 번 운행된다. 이는 우주의 목적에 부합되도록 지구의 시공(時空)을 갖추어가는 과정이고, 진화적 대상이 그 지구적 시공을 하나씩 품어 진화하는 과정이다.

첫 번째 운행(1運)에서 삼극(三極)의 시간을 지닌 천지(天地)와 만물이 만들어지는 것으로 운삼이 시작된다. 두 번째 운행(2運)에서 천지와 만물이 하나가 되어 대삼(大三)의 유기적 구조를 갖추고, 합육(合六)으로 진화적 대상인 인간을 선택한다. 세 번째 운행(3運)에서 그 인간만을 대상으로 하는 생칠팔구(生七八九)의 진화과정이 일어난다. 즉, 지구에 생겨난 천지(天地)와 인간을 하나로 운행하는 지구적 진화체계를 완성하는 것이 운삼(運三)이다. 운삼은 복잡하고

  신(神)이 길을 걷는 우주진화(宇宙進化)의 원리(原理), 천부경(天符經)

중첩된 구조와 그 위의 대상을 하나의 원리와 대상으로 정립하는 과정이다. 그 결과 인간은 생칠팔구의 존재적 운삼으로 일묘연(一妙衍)하여 인중천지일(人中天地一)로 사성(四成)하게 된다. 합육(合六) 상태의 천지인(天地人)에서 인간의 사성은 구(九)의 본심(本心)이고, 삼극에서 인간의 사성은 우주적 마침(終)이 된다. 종(終)이나 환(環)이 결정되는 사성과 환오칠(環五七)이 운삼의 뒤에서 일어나는 이유이다.

운삼(運三)은 세 번 변하는 지구적 삼변(三變)의 과정이다. 운삼은 지구수(地球數)인 십(十) 안에서 일어난다. 그 운행의 결과에 따라 인간은 순환(環)하거나 마치게(終) 된다. 만물이 운삼의 과정으로 이어져 있기에 인간으로 마침에 도전할 수 있는 기회를 지니게 되는 것이다. 이처럼 운삼은 지구가 우주에서 독립된 시공을 갖춤으로써 만물에게 우주진화의 대상이 될 수 있는 기회를 주는 과정이다. 그 기회의 유일한 존재적 상징인 인간 역시 칠(七)·팔(八)·구(九)로 존재 내의 운삼과정을 거치게 된다. 이 과정에서 만물과 인간 사이에는 존재적 우위나 정해진 순서가 없고, 마침에 다다르는 것에도 우선순위는 없다. 먼저 인간이 되었어도 마칠 때까지는 그 순서가 바뀔 수 있다는 의미이다. 고로 지구적 진화와 우주적 진화의 경계인 십(十)은 운삼의 목표인 사성(四成)이다.

　운삼(運三)의 과정에서 일(一)부터 구(九)까지의 순서와 숫자가 결정된다. 숫자의 배정은 1운(1運)의 생겨남의 순서에 기반하고, 천지인(天地人)에 그 수(數)가 배정된다. 천부경(天符經)에서 순서적 배열은 1운의 천일일 지일이 인일삼(天一一 地一二 人一三)이 유일하기 때문이다. 그 뒤에는 모두 생겨난 천지인 안에서의 변화와 진화가 된다. 이에 따라 천(天)에는 1·4·7의 수가 배정되고, 지(地)에는 2·5·8의 수가 배정되며, 인(人)에는 3·6·9의 수가 배정되게 된다. 이를 통하여 대삼(大三)과 합육(合六), 생칠팔구(生七八九)가 인(人)을 목적으로 하는 숫자임을 확인할 수 있다. 이 순서에 의해 운삼의 세 과정이 지니는 의미를 살필 수 있다. 1운에서 천지인은 생겨남으로 천(天)의 속성인 시간을 지니게 된다. 2운(2運)에서 천지인은 서로 연동되어 순환되는 지(地)의 속성인 터전이 된다, 3운(3運)에서 천지인은 그 시간과 터전으로 존재를 진화시켜 인간(人)의 속성인 마음(心)이 된다. 이런 순환의 고리를 통하여 인중천지일(人中天地一)의 상태인 십(十, 10)에 다다를 수 있게 되는 것이다. 천부경은 운삼의 운행을 통하여 1운은 만물인 삼(三)을, 2운은 인간인 육(六)을, 3운은 본(本)을 지닌 구(九)를 위한 과정임을 명확히 보여준다.

 　　　　신(神)이 길을 걷는 우주진화(宇宙進化)의 원리(原理), 천부경(天符經)

四成,

넷에서 이루어지고,

사성(四成)은 운삼(運三)의 운행에 따른 결과인 매듭에 관한 것이다. 사(四)는 운삼으로 일어난 것이 이루어지는 과정을, 성(成)은 그 결과를 의미한다. 즉, 사성은 운삼의 운행과정에 따른 각각의 결과가 합쳐지는 것임을 말한다. 사계절에 빗대어 보면 봄의 성(成)과 여름의 성(成), 가을의 성(成)이 합쳐져 겨울의 성(成)인 사성(四成)이 결정된다는 의미이다. 그런 까닭에 운삼·사성인 것이다. 이 결과에 따라 인간의 생(生)은 환오칠(環五七)로 순환하거나 종(終)의 마침으로 끝난다. 천부경(天符經)의 사성은 지구적 무(無)를 운삼하여 우주적 무(無)로 사성 하는 것을 목표로 한다. 그런 까닭에 생(生)의 그침인 무궤(無櫃)의 무(無)와 마침에 다다른 무종일(無終一)의 무(無)는 다른 것이다. 이를 통하여 존재의 생(生)과 시(始)가 결정되기 때문이다.

사성(四成)은 지구의 사계절이 연결되어 순환하는 원리와 닮아 있다. 봄·여름·가을이 운삼(運三)이라면, 겨울은 그 결과인 사성이 된다. 이는 봄·여름·가을이 각각의 특성에 따라 운행되어, 겨울로 봄·여름·가을·겨울이라는 순환의 한 고리가 마무리되는 것이다. 그런 까닭에 겨울은 다른

계절과 달리 변화가 아닌 멈추어 있는 시간이 된다. 지구의 사계절은 태양의 영향으로 구분되고 운행된다. 그 과정에서 만들어지는 인간의 본(本)인 마음(心)이 태양(太陽)을 좇게 되는 이유이다. 이러한 과정을 인간이 생겨남과 그침으로 닮아감으로써 존재적 진화가 이어지는 것이다. 이를 위하여 사성(四成)에는 진화적 목표인 마침(終)과 그 마침에 거듭 도전하는 환오칠(環五七)이라는 두 가지 방식이 존재한다. 즉, 운삼이 마침을 이룬다면 순환이 아닌 마친 상태로 지속되는 것이다. 인간이 지금의 나(我)를 정말로 사랑하고 있다면, 지금의 나(我)인 상태로 마쳐 지속되고자 해야 한다. 그것이 자기가 부여 받은 생(生)을 가치 있게 만드는 유일한 길이다. 이 과정을 마칠 때까지 계속되는 것임을 보여주고자 사성의 뒤에 환오칠(環五七)이 온다.

사성(四成)의 순환은 인간이 마침(終)에 도달해야 하는 진화가 선택이 아닌 절대적인 것임을 보여준다. 사성은 이루어짐의 과정이고, 이는 기본적으로 4단계로 이루어진다. 우주적 입장에서의 이루어짐(成) 역시 4단계로 살펴야 한다. 1단계인 비롯된 하나(一)로서의 지구는, 2단계인 석삼극(析三極)에서 셋으로 나뉘어지고, 3단계인 천지인(天地人)이 다시 하나인 상태로 합쳐진 존재로 만들어 내어, 4단계에서 진화적 존재인 인간이 진화를 마무리하는 사성의 과정으로 이루어진다. 지구적 입장에서는 본(本)인 삼극(三極)이 천지인(天地人)을 만들고, 그 천지인이 인간을 만들어 내어, 인간이 존재적 진화과정을 거치는 운삼과 인중천지일로 마치는 사성의 과정이 된다. 인간의 삶 역시 이에 따라 운삼(運三)과 사성의 과정을 따른다. 이는 천부경(天符經)에서 인간이 생칠팔구(生七八九)하여 인중천지일(人中天地一)하는 원리이다. 생칠팔구로 인간의 1단계부터 3단계까지의 운삼을 설명하고, 인중천지일(人中天地一)로 4단계를 설명하고 있는 것이다.

마음(心)은 지구의 선택적 진화결과이자 증거이고, 인간만이 만들고 지닐 수 있다. 인간에게 마음이 생겼기에 천지(天地)를 담아 마칠 수 있는 것이다. 천부경(天符經)은 인간이 그 마음을 얻는 것 역시 사성(四成)이고, 육(六)·칠(七)·팔(八)의 순환과정을 거쳐 얻어야만 하는 것임을 본심(本心)으로 말하고 있다. 이를 위하여 합육(合六)의 만물적 인간에서 벗어나 생칠(生七)하는 것이다. 비롯되거나 생겨난 하나(一)는 이처럼 크게 4단계의 과정을 거치게 된다. 그런 까닭에 사성은 운삼(運三)의 운행과정에 따른 결과들로 결정된다. 과정과 다른 결과가 나오지 않는다는 의미이고, 결과와 시작이 서로 연결될 수 있는 이유이다. 그 과정을 천부경(天符經)에서는 두 가지의 형태로 말하고 있다. 첫 번째는, 1운(1

運)부터 3운(3運)까지의 변화 과정과 마침(終)의 결과를 합친 전체적인 이루어짐의 단계이다. 여기에는 1(一)부터 9(九)까지의 순환(環)이 지속되는 형태와 완전한 마침(終)이 포함된다. 두 번째는, 시일(始一)한 것이 생(生)으로 지속되는 부분적인 이루어짐에 대해 말한다. 나뉘고(析)·커져서(大)·합쳐져(合)·그치는(死=己) 것으로, 한차례의 생(生)을 순환의 고리 안에서 마무리 짓는 형태이다.

▍環五七.
▍오(五)와 칠(七)로 순환한다.

환오칠(環五七)은 사성(四成) 중 그침(死=己)으로 인한 순환에 관한 것이다. 인간의 생칠팔구(生七八九)에 적용되어 생(生)의 기회가 거듭됨을 의미한다. 환오칠의 순환과정이 있기에 인간이 생(生)을 통하여 진화를 거듭할 수 있다. 천부경(天符經)은 칠(七)로 순환하는 것을 통하여 만물과 인간의 존재성을 명확히 구분하고 있다. 거의 모든 인간은 마침(終)에 도달하지 못하고 그침(死=己)으로 무궤화삼(無櫃化三)하게 된다. 또한 거의 모든 인간은 육(六)과 칠(七)의 단계에 놓여져 있다. 왜냐하면, 진화의 길에서 만물의 본능인 생존(生存)에서 벗어나 독립하지 못하기 때문이다. 부처나

예수, 노자가 보여준 마침(終)의 길을 받아들이지 못하는 원인이다. 인간의 경쟁은 인간이 각각의 독립된 존재로 마음을 얻기 위한 생(生)과 생(生)을 잇는 과정에 있는 것임을 자각하지 못하게 한다. 그런 까닭에 환오칠의 고리를 벗어나 팔(八)로 넘어가는 것은 수월하지 않다. 고로 사성(四成) 뒤에 환오칠이 위치하여 부여하는 기회를 오용하지 않아야 한다. 환오칠은 천지인(天地人) 속에서 거듭하는 순환의 과정이고, 인간으로서의 부동본(不動本)을 향한 의지 없이는 벗어날 수 없는 굴레로 작용한다.

생겨난 것에는 그침이 있게 되고, 마침에 다다르도록 다시 재생(再生)되는 것은 스스로 틀림없이(自然) 일어나는 과정이다. 그러나, 인간의 진화는 스스로 틀림없이 일어나지 않는다. 인간이 자연(自然)을 좇아 닮고자 하는 이유가 여기에 있다. 환오칠(環五七)은 천지인(天地人)의 지(地)로 돌아가 새로운 시간(七)을 받아 다시 생겨나는 고리이다. 이는 3운(3運)인 생칠팔구(生七八九)가 운행되는 2운(2運)의 천지인에서 땅의 수(數)가 오(五)이고, 인간이 2운에서 만들어진 터전에서 운행되고 있기 때문이다. 그리고 합육(合六)인 인간이 1운(1運)에서 새로운 생명의 시간이 더해짐을 칠(六+一=七)로 상징한다. 이런 방식으로 운삼의 세 운행이 하나로 지속되는 것이다. 이에 따라 칠(七)은 천지인(天地人)의 구분으로는 시간인 하늘을, 진화적 구분으로는 새로운 인간을 상징하는 수(數)가 된다. 그럼으로써 십(十)에 다다르기 위한 팔(八)과 구(九)의 과정에 도전하는 기회를 계속 부여받는다. 이것은 모든 만물에게 공평하게 일어난다. 환오칠(環五七)은 도덕경(道德經)의 본떠짐(母)과 같은 것이고, 이렇게 생칠(生七)하는 것은 인간이 '천지에 뿌리를 내리는(天地根)'것이 된다.

천부경(天符經)에서 일묘연(一妙衍)으로 흘러가게 되는 대상의 시작은 칠(七)이다. 이를 위한 환오칠(環五七)에서 운삼(運三)과 사성(四成)은 다른 의미를 지닌다. 운삼은 그친 것을 다시 생(生)하게 하여 끊임없이 운행시키는 하늘의 역할을 한다. 그런 까닭에 천부경에서 시간의 흐름인 운삼은 하늘의 특성이 된다. 이와 달리 사성(四成)은 생(生)한 것이 이루어져 그 결실이 드러나는 것이고, 이루어짐의 결과는 땅 위에서 드러나기에 사성은 땅(地)의 특성이 된다. 하늘의 시간은 생겨난 칠(七)이 팔(八)로 넘어가면 땅의 속성에 의지하게 된다. 팔(八)은 하늘이 시간을 부여하는 칠(七)과 달리 인간으로 순환할 자격이 얻어낸 것이다. 그런 까닭에 칠(七)인 상태의 인간은 하늘을 우러르고, 팔(八)인 상태의 인간은 주어진 시간으로 자연을 따르고자 하며, 구(九)인 상태의 인간은 우주에 부합하고자 자기의 본(本)이자 무(無)인 마음(心)을 따른다. 이를 위해 환오칠로 만물과 인간을 연결하고, 환오팔(環五八)로 인간과 인간을 연결하며, 환오구(環五九)로 인간과 나(我)를 연결하여 지속되는 순환의 진화방식을 보여준다. 이것이 윤회(輪廻)의 모습이고, 이 중에서 환오구(環五九)의 순환이 진정한 윤회가 된다.

환오칠(環五七)의 순환은 생겨났던 것이 돌아가는 그침(死=己)인 환오(環五)와 다시 생겨나는 환칠(環七)로 반복을 설명한다. 천지인(天地人)의 운삼(運三)과 그 단계별 각각의 결과들(四成)을 합쳐도 칠(七)이 된다. 이처럼 칠(七)은 동일한 진화적 존재인 인간으로서의 생(生)이다. 그런 까닭에 환(環)은 순환을 통하여 진화의 방향인 팔(八)과 구(九)로 나아가기 위한 운행의 도구이다. 칠(七)·팔(八)·구(九)는 순환의 과정을 다시 겪어야 하는 지구적 존재의 상징이다. 천부경(天符經)에서 육(六)과 칠(七)을 연결하는 환오칠(環五七)은 중요한 구분을 내포하고 있다. 팔(八)부터의 인간은 만물로 돌아가지 않고, 인간으로서의 생(生)을 거듭하는 단계에 놓이게 된다는 것이다. 이것을 일묘연(一妙衍)의 특징인 만왕만래(萬往萬來)와 용변부동본(用變不動本)을 통해 설명한다. 자연에 비교하면 칠(七)은 일년생의 풀이고, 팔(八)은 꽃이 피는 다년생으로, 구(九)는 열매를 맺어 새로운 나무를 키울 수 있는 거목과 같다.

칠(七)·팔(八)·구(九)의 진화는 마음(心)의 존재 유무와 크기, 그것이 한결같이 지속되어 불변하는 정도에 따라 결정된다. 이런 까닭에 천부경(天符經)은 대삼합육(大三合六)까지는 터전과 진화 대상에 관한 내용이고, 운삼(運三)·사성(四成)·환오칠(環五七)은 운행의 원리이며, 반면에 일묘연(一妙衍)부터는 그 터전과 대상이 운(運)·성(成)·환(環)으로 흘러가는 진화방법과 기준에 대해 설명한다. 고로 일묘연의 과정과 생칠팔구(生七八九)의 과정을 연결한 설명이 가능하다. 만왕만래(萬往萬來)는 분별 없는 칠(七)의 과정이자 기준이고, 용변부동본(用變不動本)은 인간으로서의 본(本)이 변하지 않는 팔(八)의 과정이자 기준이며, 본심(本心)은 본(本)으로 마음을 지녀 본태양앙명(本太陽昻明)하는 인간인 구(九)의 과정이자 기준이 된다. 그런 까닭에 부동본(不動本)의 존재적 본(本)과 본심(本心)의 지구적 본(本)을 지니지 못한 칠(七)은 만물의 순환고리에서 벗어나지 못하는 것이다. 천부경은 그침(死=己)과 마침(終)을 정확하게 구분하여 사용한다. 진화가 운행되는 과정에서 그침(死=己)과 마침(終)의 연결고리로 운삼과 사성, 환오칠을 사용하고 있는 것이다

 신(神)이 길을 걷는 우주진화(宇宙進化)의 원리(原理), 천부경(天符經)

제 7 절

一妙衍(일묘연), 萬往萬來(만왕만래), 用變不動本(용변부동본).

하나(一)가 흘러감은 신묘하여,
만 번 가고 만 번 오니,
변하여 쓰여도 본(本)은 움직이지 않는다.

一 하나 일 / 妙 신묘하다 묘 / 衍 흐르다, 넘치다 연
萬 일만 만 / 往 가다 왕 / 萬 일만 만 / 來 오다 래
用 쓰다 용 / 變 변하다 변 / 不 아니다 부 / 動 움직이다 동 / 本 근본 본

一妙衍,

하나(一)가 흐러감은 신묘하여,

일묘연(一妙衍)의 하나(一)는 우주와 지구 그리고 만물이 되고, 흐러감(衍)은 끊임없이 연결됨이며, 신묘함(妙)은 그것이 스스로 틀림없이(自然) 한결같이 지속되는(常) 모습이다. 일묘연은 진화의 과정이 지속되는 것이고, 그 흐러감에는 멈춤이 없다. 비롯된 것이 멈춘다는 것은 지구가 죽은 것이고, 하나가 흐러감을 멈춘다는 것은 인간과 만물이 소멸되는 것이다. 그런 까닭에 하나가 흐러가는 것은 한결같이 지속된다. 그럼에도 달라짐이나 어긋남 없이 지구적 본(本)을 따른다. 천부경(天符經)에서 일묘연은 지구적 진화과정 전체이자 독립한 인간의 진화과정을 상징한다. 일묘연을 인간의 생(生)과 운삼(運三)·사성(四成)·환오칠(環五七)의 뒤에 배치함으로써 생칠팔구(生七八九)의 과정을 설명할 수 있음을 보여준다. 그런 까닭에 일묘연의 과정인 만왕만래(萬往萬來)·용변부동본(用變不動本)·본심(本心)은 그 과정의 구분이자 기준이 된다. 만왕만래는 인간이 마칠 때까지의 전체 과정에 지속되는 것이고, 용변부동본은 팔(八)과 구(九)에서만 운행되며, 본심(本心)은 구(九)에서만 운행된다. 이를 통하여 칠팔구(七八九)의 단계적 특징과 넘어가는 방법을 알 수 있다.

일묘연(一妙衍)의 과정 속에서 인간은 멈추면 돌아간다. 칠팔구(七八九)의 진화 단계에 맞춰 생(生)과 환(環)은 틀림없도록 흘러간다. 그것을 인간이 명확히 알기 어렵기에 신묘하다 표현하는 것이다. 흘러감의 대상인 인간이 각각의 진화단계에 맞도록 지속됨이 신묘하고, 진화의 과정이 한결같게 운행되어 진화의 단계를 밟아가도록 만드는 원리 또한 신묘하다. 이러한 신묘함은 미묘함을 품고 있기에 보여도 확연하게 알기 어렵다. 인간은 하나인 상태로 일묘연의 순환고리 안에 있고, 그 흘러감의 주체이기에 진화할 수 있는 것이다. 이 흘러감의 결과로 인간이 지구와 같은 우주적 존재로 진화된다면, 일묘연의 원리와 흘러가는 모습을 명확히 알 수 있게 된다. 이런 존재가 된 인간을 무종일(無終一) 또는 신(神)이라고 부른다.

하나(一)는 일시무시일(一始無始一)로 비롯된 출발점이다. 크게는 지구 자체이고, 작게는 그 안에서 생겨난 각각의 만물을 의미한다. 본래의 일묘연(一妙衍)은 지구 자체의 운행 방식이자 기준이다. 그런 까닭에 하나인 지구의 하나뿐인 대표가 우주의 목적에 부합되기 위해 흘러가는 것 역시 일묘연이 된다. 지구 안의 모든 존재가 동일한 본(本)과 운행 방식을 공유하고 있기에, 각각의 단계에 부합되는 방식으로 한 방향으로 진화해 갈 수 있는 것이다. 이처럼 하나로 흘

러감은 존재들의 생(生)과 그것을 운영하는 본(本)이 하나의
원리로 연동되어 있음을 의미한다. 항상 한치의 어긋남 없
이 흘러갈 수 있는 이유이다. 그럼에도 인중천지일(人中天
地一)하여 지구와 같아지기 전에 그것을 명확하게 알기 어
렵다. 왜냐하면 인간이 생(生)과 환(環)의 어느 한 점에 머물
러 있을 수 없고, 이 모든 과정을 거쳐야만 비로소 흘러감의
처음과 끝이 보이기 때문이다.

천부경(天符經)은 일묘연(一妙衍)으로 인간이 다른 존재로
대체되지 않는 하나(一)임을 명확히 한다. 비롯되거나 생겨
난(始生) 하나(一)는 운(運), 성(成), 환(環)의 과정을 통하여
진화를 거듭하고, 종(終)에 다다를 때까지 그 단계에 맞춰
계속 흘러간다. 일묘연(一妙衍) 속에서 개별적 존재로서의
그침은 있어도, 비롯된(始) 하나(一)의 진화가 멈추는 일은
없다. 이 과정은 공평무사하고 틀림없으며, 한결같게 지속
된다. 지구가 마침(終)이라는 우주적 목적에 부합되고자 인
간을 운행하고 있기에, 인간은 이 흘러감에서 벗어날 수 없
다. 벗어날 수 있는 방법은 오직 마침(終)에 다다르는 것뿐
이다. 하나(一)의 흘러감은 지구 그 자체의 모습이고, 신묘
함은 그 운행되는 모습이 지극히 복잡함에도 틀림없이 일어
나는 자연(自然)으로 설명된다. 인간은 그것을 그대로 따라
가야 마음(心)을 얻을 수 있다.

   신(神)이 길을 걷는 우주진화(宇宙進化)의 원리(原理), 천부경(天符經)

천부경(天符經)의 하나(一)는 우주적 생명체인 존재적 지구이고, 다시 지구적 생명체인 만물을 의미한다. 진화적 존재의 일묘연(一妙衍) 과정에서는 인간이 그 하나가 된다. 이러한 상위와 하위의 하나(一)를 연결하여 연동하는 것이 본(本)이다. 그런 까닭에 존재적 본(本)이 없는 상태인 만왕만래(萬往萬來)에서 인간의 본(本)을 지닌 부동본(不動本)으로 흘러간다. 부동본의 인간에서 독립된 하나인 나(我)로서 본심(本心)을 지니게 되는 집중화의 과정이 일묘연이다. 지구는 목적에 의해 우주에서 본떠진(母) 것이고, 인간은 그 목적을 위해 다시 본떠진 것이기에 우주의 변화와 진화 원리에서 벗어나지 않는다. 쓰임의 변화에 따라 결과가 달라지는 것처럼 보일 뿐이다. 인간은 진화를 위해 선택되었지만, 본심(本心)에 다다르기 전까지의 인간에 대한 배려는 없다. 마찬가지로 지구와 인간은 우주의 목적에 부합되는 동안에만 존재할 수 있다.

萬往萬來,
만 번 가고 만 번 오니,

만왕만래(萬往萬來)는 일묘연(一妙衍)이 시간적으로 이어진 순환의 과정이다. 그래서 생칠팔구(生七八九)의 진화과정에서 시간에 의해 생겨나는 존재인 칠(七)과 연결하여 이해하는 것이 가능하다. 즉, 시간에 따라 오고 갈 뿐이지 어떤 변화를 만들지 못한다는 의미이다. 인간으로 생(生)하지만 인간으로서의 부동본(不動本)을 지니지 못한 상태이다. 더불어 만왕만래는 마침(終)에 도달하기까지 계속 순환하는 무궤화삼(無櫃化三)의 운행적 특징이다. 만왕만래의 과정에서 만물의 본능(本能)에서 벗어나 인간으로서 본(本)을 지니게 되면 팔(八)이 될 수 있다. 만왕만래 할 수 있기에 생(生)의 그침(死=己)과 비롯됨(始)의 마침(終)도 가능한 것이다.

만왕만래(萬往萬來)는 구분 없이 흘러 넘치는 것이다. 본(本)을 지녀야 본(本)을 지닌 채 쓰임만이 변하는 만왕만래가 가능해진다. 그런 까닭에 용변부동본(用變不動本)이 만왕만래의 다음에 오는 것이다. 지구는 만왕만래하는 존재적 생(生)에 관여하지 않는다. 생(生)의 결과 값에 맞춰 칠(七)·팔(八)·구(九)로 진화시키고, 그 단계를 유지해줄 뿐이다. 이는 지구가 우주적 진화를 목적으로 하는 것이기 때문이다. 우주적 목적에 부합되는 자격인 본심(本心)을 지니면 하나의 상태인 나(我)로 만왕만래 할 수 있다. 만왕만래는 다양한 만물이 끊임없이 오고 가는 지구적 측면과 인간이 마칠 때까지 생(生)을 반복하는 인간적 측면이 존재한다. 천지인(天地人)의 시공간(時空間)에 인간이 생겨남과 돌아감

 신(神)이 길을 걷는 우주진화(宇宙進化)의 원리(原理), 천부경(天符經)

을 하나의 고리(環)로 거듭하는 것이다.

　만왕만래(萬往萬來)는 일묘연(一妙衍) 속에서 끊임없이 흘러가는 시간과 존재적 반복을 보여준다. 만왕만래는 순환이고, 이는 지구의 일묘연이 2운(2運) 위에서 일어나기 때문이다. 본(本)인 삼극(三極)은 이를 위한 시공(時空)인 천지인(天地人)을 목적을 이룰 때까지 지속시키고자 만왕만래로 마침(終)의 기회를 계속 부여한다. 우주가 별들을 만들고 소멸시킴은 우주적 만왕만래의 방식이고, 지구 역시 이 방식을 따른다. 우주 속에서 지구는 인간을 만왕만래 시키는 것을 지속하고, 다른 별들 역시 우주가 부여한 목적을 위해서 각각 만왕만래 한다. 이러한 과정을 통하여 진화의 목적에 맞는 별(星)들이 우주에 생겨나고, 다시 거기에서 지구처럼 실제로 진화가 일어나는 별이 생겨난다. 그 과정이 인간에게 적용된 것이 만왕만래이다. 고로 용변부동본(用變不動本)이 되어야 온전한 인간으로 진화되는 것이고, 인간은 마음(心)을 만드는 지구의 본(本)에 부합되는 생(生)을 살게 된다. 이처럼 만왕만래는 인간이 생(生)에서 생(生)으로 이어지는 진화적 자발성을 갖추는 기회이다.

用變不動本.

변하여 쓰여도 본(本)은 움직이지 않는다.

만왕만래(萬往萬來)의 과정에서는 역할과 쓰임이 모두 달라진다. 반면에 용변부동본(用變不動本)에서는 쓰임에 따라 그 본(本)은 달라지지 않는다. 본(本)은 독립의 상징이고, 독립된 것은 그 목적이 달라지지 않는다. 그것이 언제나 한결 같은 무진본(無盡本)의 의미이다. 쓰임은 달라져도 진화를 위한 목적을 지킬 수 있게 되기에 진화가 지속되는 것이다. 진화과정에서 부동본(不動本)을 지니게 되면, 그때부터는 각각의 생(生)에 따라 쓰임만이 달라질 뿐이다. 용변부동본이 변(變)을 사용하여 화삼(化三)처럼 완전히 새로워지는 것이 아니라, 인간으로서의 본(本)을 지닌 상태로 달라지는 것임을 설명한다. 이 과정을 통하여 진화에 필요한 경험을 쌓아가고, 진화 단계를 높여간다. 그런 까닭에 용변부동본의 본(本)은 기본적으로 지구의 본(本)을 의미한다. 이때의 본(本)은 하나(一)가 마침을 목적으로 하여 흘러가게 하는 본(本)이다.

부동본(不動本)은 인간의 본(本)일 뿐, 그중의 개인인 내(我)가 본(本)을 지닌 것과는 다르다. 부동본은 인간이라는 존재적 형질에서 생겨남과 그침이 벗어나지 않는 무리적 순

  신(神)이 길을 걷는 우주진화(宇宙進化)의 원리(原理), 천부경(天符經)

환이다. 인간으로서의 존재적 불확실성만이 사라진 것이다. 이처럼 일묘연(一妙衍) 속에서 인간이 인간으로서의 부동본으로 지니는 것이 팔(八)의 단계이다. 칠(七)과 달리 팔(八)은 인간으로서 거듭되며 마침을 향해 나아갈 수 있게 된다. 천부경(天符經)은 용변부동본으로 진화적 존재인 인간이 만물에서 독립되어, 인간으로 자립하는 과정을 보여준다. 지구의 본(本)이 만물에서 인간으로, 인간에서 독립된 나(我)로 순환할 수 있도록 만드는 것이 진화의 목표이기 때문이다. 이를 위해 존재성이 고정된 상태로 쓰임이 달라지는 존재적 진화가 일어나는 것이 용변부동본(用變不動本)이다.

인간의 존재적 진화는 지구처럼 본(本)을 지녀가는 과정이다. 이를 위해 만왕만래(萬往萬來)를 통하여 기회를 부여하고, 용변부동본(用變不動本)을 통하여 동일한 존재성으로 고정된 진화적 본(本)을 지니게 한다. 그러나 아직 인류(人類)적 존재성은 지녔지만, 하나의 존재로서 본(本)을 지니지는 못한 상태이다. 부동본(不動本)은 또한 현재의 생(生)의 쓰임과 상관없이 본래의 본(本)은 달라지는 것이 아님을 의미한다. 지구가 진화를 위한 모방과 확인을 위하여 진화단계와 다른 쓰임을 주기 때문이다. 용변(用變)은 마음을 지니기 위한 다양화의 과정이고, 왕(王)부터 천민 또는 수행자의 생(生)은 모양이 다른 것일 뿐이다. 고로 인간은 쓰임이

나 역할이 아니라 그 존재적 본(本)을 볼 수 있어야 진화단
계를 알 수 있다. 이처럼 용변부동본으로 인간으로서의 부
동본을 지니게 되는 것은 진화를 위한 선택과 집중이다. 이
런 과정을 거쳐 본(本)이 흔들리지 않는 완전한 부동본의 상
태, 즉 모든 것이 하나로 꿰어지는 상태에 다다르면 본심(本
心)을 지니게 되는 것이다.

　용변부동본(用變不動本)은 인간이 다양한 생(生)의 과정
을 거치는 것이다. 존재성을 규정하는 본(本)이 달라지지 않
기에 그 목적과 방향이 일관되게 유지된다. 본래의 부동본
(不動本)은 모양이나 형질에 상관 없이 만물의 본(本)이 같
은 것임을 의미한다. 그것이 일묘연(一妙衍)의 진화단계에
서는 인간으로서의 본(本)이 유지되는 것으로 쓰인다. 그런
까닭에 일묘연 속에서 인간으로 진화하는 것이 불확정적인
만물이나 칠(七)과 달리, 팔(八)인 인간에게는 마침을 위한
본(本)이 지속되는 상태로 용변(用變)하게 된다. 지구의 목
적은 한결같고 틀림없기에 존재의 진화적 퇴보는 일어나지
않는다. 고로 일묘연의 쓰임은 인간을 구성하는 많은 것들
을 제거하고, 단 하나의 본(本)으로 부동(不動)하는 상태를
만들어가기 위한 것이다. 이러한 과정으로 인간에게 하나만
이 본(本)으로 남게 되는 것이 마음(心)이다. 용변부동본은
이를 위해 인간의 흘러감이 생칠팔구(生七八九)의 단계에서

 　　신(神)이 길을 걷는 우주진화(宇宙進化)의 원리(原理), 천부경(天符經)

벗어나지 못함을 보여준다. 만물과 공유되던 인간의 존재
성이 인간만의 것으로 독립함으로써, 개인으로서의 나(我)
로 독립하여 마침으로 지속될 때까지 계속된다. 이것이 일
묘연을 통한 자연스러운 집중화의 방식이다. 만왕만래(萬往
萬來)에서 용변부동본을 거쳐 본심(本心)으로 진화적 주체
를 선별하는 것이다. 이처럼 본심(本心)은 진화의 주체가 만
물에서 인간으로 넘어온 것이, 다시 개인인 나(我)로 넘어
왔음을 상징한다.

제 8 절

本心(본심), 本太陽昻明(본태양앙명), 人中天地一(인중천지일).

본(本)은 마음(心)이고,
본(本)인 태양의 밝음을 우러르면,
사람 속에서 하늘과 땅이 하나가 된다.

本 근본 본 / 心 마음 심
本 근본 본 / 太陽 태양 / 昻 우러르다 앙 / 明 밝다 명
人 사람 인 / 中 속 중 / 天 하늘 천 / 地 땅 지 / 一 하나 일

 신(神)이 길을 걷는 우주진화(宇宙進化)의 원리(原理), 천부경(天符經)

本心,
본(本)은 마음이고,

　본(本)은 우주와 지구 그리고 인간이 지니게 된 각각의 뿌리이고, 그것은 모두 하나의 무(無)에서 순차적으로 지니게 된 것이다. 인간이 부동본(不動本)의 상태가 되면 지구의 본(本)을 좇아 갈 수 있게 된다. 그 본(本)을 좇아가는 과정에서 천지인(天地人)을 하나로 합쳐 지구적 무(無)를 머금게 되는 것이 본심(本心)이다. 본심(本心)은 삼극에서 나온 천지인(天地人)이 하나로 합쳐진 상태이다. 천지인 중 하나만이 삼극(三極)에 남게 된 것이다. 이 상태가 되면 우주와 지구, 인간의 본(本)이 이어져 우주적 진화가 시작된다. 본심은 우주의 무(無)가 지구의 본(本)을 거쳐, 인간에게 자리잡게 된 것이기 때문이다. 천부경(天符經)은 이처럼 같은 것에 대해 우주는 무(無), 지구는 본(本), 인간은 마음(心)으로 나누어 진화단계를 표현한다. 그런 까닭에 인간이 지구적 진화를 거쳐 본심(本心)을 지니게 된 것은, 인간이 우주적 진화를 위한 자격을 지니게 되었음을 의미한다. 나(我)로서 순환을 거듭하는 상태가 된 것이다. 이 때부터는 우주의 무(無)로 진화하기 위한 태양의 밝음만을 필요로 한다. 이를 통하여 지구의 본(本)인 석삼극(析三極)의 무(無)인 상태에 인간이 다다를 수 있게 된다.

우주의 마음(心)인 무(無)가 지구의 마음인 본(本)을 거쳐, 인간의 마음에 닿아 무(無)가 되는 것이 일묘연(一妙衍)의 목표이다. 이렇게 우주의 무(無)가 지구적 진화과정을 거쳐 인간의 본(本)으로 담기게 된다. 본심(本心)은 인간의 진화단계인 생칠팔구(生七八九)에서 구(九)의 상징이다. 인간의 진화목표인 십(十)의 인중천지일(人中天地一)을 위하여 본심이 필요한 것이고, 본심은 부동본(不動本)으로 천지인(天地人) 삼재(三才)의 천지(天地)를 담아낸 것이다. 그럼으로써 삼재를 만든 삼극(三極)의 천지적 속성을 담아낼 수 있는 경험을 지니게 된다. 지구의 본(本)인 삼극에서 인간까지 분화되었던 지구적 무(無)를 다시 통합함으로써, 우주적 무(無)로 돌아가는 원시반본(原始返本)의 과정이다. 본(本)은 우주와 지구, 인간이 공통적으로 지니는 독립된 하나(一)로서의 상징이다. 인간은 본심을 지님으로써 우주적 진화과정에 놓이게 된다. 이 때부터는 지구가 태양을 중심으로 순환되는 것처럼, 인간 역시 태양을 중심으로 나(我)라는 개별적 존재로 순환된다. 비로소 나(我)라는 존재로 살게 되는 것이다. 나(我)로 살기 위해 인간은 예부터 본(本)으로 마음이 자리잡는 생(生)을 살고자 노력해온 것이다.

우주적 무(無)는 존재하는 모든 것의 근본(根本)이다. 지구가 무(無)에서 생겨나고, 그 지구의 본(本)이 무(無)임을 밝히

 신(神)이 길을 걷는 우주진화(宇宙進化)의 원리(原理), 천부경(天符經)

는 일시무시일(一始無始一)로 천부경(天符經)을 시작하는 까닭이다. 그런 까닭에 인간이 독립된 존재로 본(本)을 지니게 되면, 그 본(本) 역시 무(無)인 상태가 된다. 지구적 본(本)의 이름은 삼극(三極)이고, 인간적 본(本)의 이름은 마음(心)이다. 이처럼 인간이 본심으로 무(無)인 상태가 인중(人中)이고, 인간이 삼극 중 한 극(極)의 상태가 된 것이다. 이때의 무(無)는 삼극이 생겨난 무시일(無始一)의 우주적 무(無)가 아니라, 삼극에서 생겨난 지구적 무(無)이다. 그 상태에서 우주적 본(本)인 태양의 밝음으로 얻게 되는 것이 인중천지일(人中天地一)이다. 본심(本心)은 인간을 우주와 본(本)으로 연결하는 것이고, 지구처럼 태양앙명(太陽昻明)하게 되는 것으로 그것을 알 수 있다. 그런 까닭에 마음(心) 안에 삼극의 천지(天地)적 속성을 담아 지구와 같은 상태가 될 수 있는 것이다.

인간에게 변함이 없는 것은 마음(心)뿐이다. 만왕만래(萬往萬來)의 상태는 본능(本能)이고, 부동본(不動本)의 상태에서 지니는 것은 마음이 아닌 감정(情)이다. 그 감정(情)을 마음이라 여기기에 마음을 지닐 수 없는 것이다. 인간에게 마음이 생기면 지구의 부동본처럼 스스로 틀림없이 한결같게 지속된다. 태양의 밝음을 지구가 좇는 것과 같은 모습이 된다. 마음은 마음자리를 지니게 된 육(六)의 존재가 칠(七) ·

팔(八)의 과정을 거쳐 본(本)을 지니게 되는 구(九)에 다다라
야 생긴다. 본심은 육(六)·칠(七)·팔(八) 상태의 본능(本
能)과 감정(情)이 마음과 다른 것임을 보여준다. 마음자리
에 마음(心)의 집을 짓는 것은 인간의 의무이자 진화의 길이
다. 그 길은 인간의 밖이 아닌 안에 있고, 밖에서 마음을 만
들 수 있는 방법은 없다. 지구가 태양의 밝음으로 자기 안
에 인간을 만드는 것과 같은 원리로 인간 안에서 마음이 생
긴다. 마음을 만들어야 지구처럼 밖의 것을 좇을 수 있게 된
다. 이것이 지구의 본(本)인 삼극을 좇아 천지인으로 마음을
만드는 것과 우주적 본(本)인 태양을 좇아 삼극으로 인중천
지일(人中天地一)이 되는 것의 차이이다. 천부경(天符經)이
독립과 자립으로 무(無)의 진화 방식을 보여주는 이유이다.

천지인(天地人)의 천지(天地)가 지닌 부동본(不動本)을 담
아야 불변하는 마음이 생긴다. 이를 통하여 우주의 마음인
태양의 밝음을 인간이 닮으면 무(無)로서 삼극(三極)의 천
지(天地)적 속성을 담아내는 것이 가능해진다. 인간의 마음
(心)을 통한 존재적 반본환원(返本還原)은 우주의 목적에 부
합되는 인간의 역할이다. 이를 위해 인간이 존재적 진화를
마무리하여 지구적 무(無)를 지닌 존재가 됨으로써, 우주적
무(無)로의 진화를 시작할 수 있다. 인간의 중(人中)으로 무
(無)인 마음(心)이 자리 잡기 때문이다. 인간에게 마음(心)

 신(神)이 길을 걷는 우주진화(宇宙進化)의 원리(原理), 천부경(天符經)

이 본(本)이 되면 지구처럼 저절로 태양의 밝음을 좇게 된다. 일시무시일(一始無始一)로 지구가 독립된 무(無)를 지니게 된 것에 따른 본성이기 때문이다. 태양의 밝음은 지구에게는 생명의 본(本)이고, 인간이 존재적 한계를 넘을 수 있도록 돕는다. 우주는 본심에 다다른 인간만을 직접 다듬어 줄 수 있다. 인간이 본심을 지니는 것은 그 도움을 받아들이기 위한 것이고, 태양의 밝음을 통해 십(十)의 상태가 되기 위한 전제조건이다. 인간이 지구적 존재라는 관념적 한계를 스스로 극복해야 이 과정을 시작할 수 있다. 인간이면 누구나 신(神)이 될 수 있는 기회를 지니고 있음을 자각하면 그것이 가능해진다.

本太陽昻明,

본(本)인 태양의 밝음을 우러르면,

지구적 진화의 본(本)은 태양(太陽)이다. 지구가 살아 있는 상태로 유지되고, 만물을 진화시킬 수 있는 것은 태양이 존재하기 때문이다. 인간의 경계는 지구처럼 태양을 직접 본(本)으로 삼는 것으로 넘을 수 있고, 이것이 본태양앙명(本太陽昻明)의 의미이다. 본심(本心)을 지니는 순간부터 인간은 지구적 인과에서 벗어나 순리대로 태양의 밝음을 좇게 된다. 지구적 본(本)을 좇아 본심을 지니게 되면 태양앙명(太陽昻明)으로의 전환은 자연스럽게 일어난다. 인간의 진화적 생(生)은 지구를 따라 닮아가는 것이기 때문이다. 그런 까닭에 본심으로 지구적 진화가 마무리되면 본태양앙명의 우주적 진화가 시작되는 것이다. 천부경(天符經)이 본심과 본태양(本太陽)을 붙여 놓은 것은, 인간과 우주가 지구와 상관없이 이어지게 되었음을 보여주기 위함이다. 지구가 아닌 태양을 좇아 인간이 지구와 같은 상태가 되는 방법을 알려주고 있는 것이다. 마음이 없는 상태로 태양을 우러르는 것은, 자기 것이 아닌 지구가 머금은 밝음을 공유하는 것에 불과하다.

태양(太陽)은 우주의 목적에 의해 비롯된 하나이다. 자기 안의 존재에 영향을 미치는 지구와 달리, 태양은 자기 밖의 존재에 영향을 미친다. 이것은 인간과 신(神)의 차이와 같다. 고로 우주적 입장에서 태양은 지구보다 진화된 존재의 상징이다. 태양은 우주적 목적에 부합되는 진화가 완성된 형태의 하나이다. 지구적 원리로는 지구적 무(無)에서 벗어날 수 없다. 그런 까닭에 인간의 좇음의 대상을 지구적 본(本)인 삼극(三極)에서 우주적 본(本)인 태양으로 바꾸는 과정이 필요하다. 지구는 태양의 밝음을 우러를 수 있는 본심(本心)에서 그 진화적 역할이 끝난다. 이를 위해 우주는 태양을 지구와 묶은 것이고, 인간은 지구를 통한 간접적인 태양의 밝음으로 진화된다.

　태양이 있기에 지구 안에서 인간이 진화될 수 있다. 본태양(本太陽)은 우주가 인간이 우주적 존재로 거듭나는 길을 잃지 않도록 만들어준 것임을 보여준다. 지구적 무(無)에 기반한 인간을 우주적 무(無)에 기반한 존재로 진화시키는 것이 우주의 목적이기 때문이다. 우주의 운행이 지구를 위해 인간을 만들어낼 만큼 무의미하지 않다. 이를 우주는 태양을 통해서 보여준다. 태양이 없으면 지구는 생존할 수 없고, 지구 안의 생명 역시 살아갈 수 없다. 이러한 태양의 존재적 절대성이 지구와 지구적 존재의 진화에 대한 방향을 제시한다. 지구의 생존과 운행이 태양에 의해서만 가능하도록 설계된 상태에서 만들어졌기 때문이다. 그런 까닭에 본심(本心)이 되면, 인간은 태양(太陽)을 의지하는 존재로 자연스럽게 바뀐다. 이와 같은 태양을 상징하는 것이 밝음(明)이다.

　마음(心)이 본(本)이 되기 전의 인간은 간접적으로 태양을 좇아야 한다. 태양의 밝음을 있는 그대로 좇을 수 없기 때문이다. 신(神)이 된 사람들이 가르침과 경전(經典)으로 남긴 것은 태양의 밝음에 관한 것이고, 그것을 좇아 마음을 만드는 것을 돕기 위한 것이다. 그런 까닭에 천부경(天符經)이나 도덕경(道德經), 역경(易經) 등의 경전들은 본(本)에 의한 존재성을 말할 뿐 상대성을 다루지 않는다. 마음을 지닌 순간부터는 태양의 밝음 외에 다른 것은 필요하지 않다. 태양은 인간이 직접 느낄 수 있는 유일한 우주적 존재이다. 지구가 태양을 생명의 근원으로 삼아 존재하도록 설계된 이유도 여기에 있다. 태양은 우주의 신(神)이고, 앙명(昴明)은 인간에게 지구와 같아지는 법을 알려 주는 신성(神性)이다. 지구가 태양의 밝음과 힘으로 만물을 키우는 것처럼, 인간도 태양의 밝음을 직접 받아 지구와 같은 존재가 될 수 있다.

인간의 마침(終)에 필요한 것은 오로지 태양(太陽)의 밝음뿐이다. 지구와 인간의 진화 과정에서도 다른 것은 더 이상 필요하지 않다. 그것을 바로 좇는 법을 모르기에 구(九)까지의 진화과정을 거치게 되는 것뿐이다. 마음(心)이 없으면 태양의 밝음을 좇을 수 없음을 부처와 예수, 노자는 명확하게 알려준다. 지구라는 하나(一)와 그 속의 수많은 하나(一)들을 비롯되게 하는 우주는 태양으로 상징된다. 그 존재들이 진화과정을 거쳐 만든 인간의 본심(本心)에 꽃을 피게 하는 것이 태양의 밝음이다. 이를 위해 지구와 만물이 태양을 근원으로 삼도록 설계되었고, 이 우주적 설계를 따라 인간은 지구와 우주의 본(本)을 공유해가는 진화가 가능한 것이다. 그것이 천부경(天符經)에서 인간이 본(本)으로 마음(心)

을 지니는 과정은 길게 설명하고, 마치는 과정은 본태양앙
명(本太陽昻明)과 인중천지일(人中天地一)로 기준과 존재적
모습만을 보여주는 이유이다. 그런 까닭에 신(神)과 성인(聖
人)들은 인간의 마음(心) 밖에서 해답을 찾을 수 없다고 가
르쳐 온 것이다. 태양의 밝음을 우러를 수 있다면 어느 순간
에나 완전한 하나의 무(無)가 될 수 있다. 인간이 마음(心)으
로 지구를 담을 수 있는 것은 우주적 무(無)에 기반하고 있
기 때문이다.

人中天地一.
사람 속에서 하늘과 땅이 하나가 된다.

　본(本)인 삼극(三極)이 천지인(天地人) 삼재(三才)로 인간
을 품고 있는 하나(一)의 상태가 지구(地球)이다. 반면에 인
중천지일(人中天地一)은 인간이 마음(心)으로 삼극의 천지(
天地)를 품어 하나(一)가 된 것이다. 인간이 지구로부터 독
립하여 자립한 것이고, 그 상태는 시공(時空)과 존재가 하나
인 무(無)이다. 이는 인간이 지구와 같은 우주적 존재로 지
속되는 것을 상징한다. 지구가 진화를 위하여 삼극과 삼재
로 나누어졌던 것을 인간의 속(人中)에서 합일(合一)한 것이
다. 인중천지일로 인간은 지구처럼 우주적 무(無)인 십(十)

을 본(本)으로 우주에 존재할 수 있게 되었다. 그런 까닭에 지구 안에서의 인간진화는 새로운 길이 아니다. 지구가 나뉘어지기 전인 무시일(無始一) 상태의 본래 모습과 같아지도록 반본환원(返本還原)하는 것이다. 태양의 밝음은, 그 밝음으로 마음(心)을 만들어온 과정을 통하여 마음 안(人中)에 들어있다. 지구와 우주의 경계를 태양의 밝음이 하나로 잇는 것처럼, 그 밝음을 좇아 마음으로 지구와 우주의 경계를 넘어간다. 이런 상태에 도달한 것이 인중천지일(人中天地一)이고, 이것으로 지구에서의 우주적 진화도 마무리된다.

지구적 진화는 모르는 길을 개척해서 갈 수 있는 것이 아니다. 자식이 부모를 따라 부모가 되는 것과 같은 이치이고, 지구가 변화해온 과정을 따라가는 것으로 이루어진다. 그런 까닭에 인간의 진화과정은 존재인 인간에서 삼재(三才)로, 다시 삼재에서 삼극(三極)으로 지구의 변화과정을 거슬러 올라가게 되는 것이다. 이 과정을 통하여 인간은 지구의 무(無)를 본(本)으로 삼아 마음(心)을 만들고, 우주의 무(無)를 본(本)으로 일종무종일(一終無終一)하게 된다. 태양의 밝음은 인간을 지구에서 우주로 이동시키는 문(門)이고, 인중천지일(人中天地一)은 그 문을 통과할 수 있는 자격이다. 지구의 진화는 지구가 일시(一始)했을 때의 무시일(無始一)한 시점에 인간을 데려다 놓는 것이다. 그런 까닭에 인중천지

  신(神)이 길을 걷는 우주진화(宇宙進化)의 원리(原理), 천부경(天符經)

일 역시 지구적 진화의 특징인 운삼사성(運三四成)의 원리로 이루어진다. 우주의 무(無)가 독립한 지구에서 인간이라는 우주적 신성(神性)을 지닌 존재가 태양을 통하여 깨어나는 이유이다.

지구는 자기의 시공간으로 인간을 품어주는 우주의 온실이고, 인간은 그 온실에서 진화하여 스스로 우주로 나가게 된다. 인간의 가치는 만물과 천지(天地)가 온실 밖으로 보내기 위해 합심하여 만든 존재라는 것에 있다. 고로 인간만이 본래의 십(十)으로 무(無)에 다다를 수 있다. 구(九)는 인간이 2운(2運)에서 하늘이 머금은 삼(三)과 땅이 머금은 삼(三), 만물이 머금은 삼(三)을 3운(3運)으로 모두 담아낸 것이다. 이를 통하여 도달한 십(十)은 지구와 같은 크기지만 새로운 형질의 무(無)가 된다. 왜냐하면 지구는 자기 안의 것을 위한 존재이고, 십(十)에 다다른 인간은 태양처럼 자기 밖의 것과 영향을 주고 받기 때문이다. 그런 까닭에 인중천지일(人中天地一)에 다다른 부처·예수·노자는 태양처럼 자기 밖의 존재에게 영향을 미치는 신(神)이 되는 것이다. 지구는 진화의 결과로 인간의 마침(終)을 위한 존재가 되었다. 다만 그것은 인간이 본심(本心)을 지닐 때 가능하다. 인간의 마음은 무(無)이고, 우주는 무(無)이어야 하나가 될 수 있다. 그 무(無)로 우주적 속성을 연결할 수 있기에, 무종일(無終一)이 될 수 있는 것이다.

　목적에 따라 만들어진 지구와 스스로 진화한 인간은 그 존재적 특징과 역할이 다르다. 그런 까닭에 지구와 같은 역할을 할 수 있는 인간을 구분 지어 신(神)이라 일컫게 된 것이다. 이처럼 일시(一始)한 것과 존재적 크기는 같아지고, 존재성은 달라진 것을 시일(始一)한 것이 마쳤다(一終)고 한다. 일시(一始)한 곳도 무(無)이고, 시일(始一)한 상태도 무(無)이며, 일종(一終)한 상태도 무(無)가 된다. 지구에서는 인간만이 그것이 가능한 마음(心)을 지니고 있으니, 곧 인내천(人乃天)이다. 삼극(三極)의 공간에서 만들어진 천지인(天地人) 삼재(三才)가 하나됨으로써 인간은 본(本)으로 마음(心)을 지니게 되었다. 인간이 삼재가 자리하게 되었던 삼극 중 한 극(極)과 같아짐으로써, 하나의 극(極)인 인중(人中)이 된다. 인중천지일(人中天地一)의 인중(人中)은 삼극에 삼재가 생겨나기 전의 비어 있는 공간으로서의 무(無)이고, 천지(天地)는 삼극의 두 극이며, 일(一)은 지구와 같은 상태로 삼극을 머금은 존재로서의 인간을 상징한다. 이처럼 본심(本心)은 삼재가 하나(一)가 된 것이고, 인중천지일은 삼극이 하나(一)가 된 것이다. 삼극이 삼재로 본심을 만드는 이 원리를 통해 인간이 지구의 본(本)과 같은 상태인 인중천지일이 되는 것으로 일묘연(一妙衍)이 마무리된다.

제 9 절

一終無終一(일종무종일).

하나(一)가 마치니 무(無)로 마친 하나이다.

一 하나 일 / 終 마치다 종 / 無 없다 무 / 終 마치다 종 / 一 하나 일

一終無終一.
하나(一)가 마치니 무(無)로 마친 하나이다.

　일종무종일(一終無終一)의 무(無)는 비롯된 것이 '없어진 것'이 아니라 무(無)의 상태가 된 것이다. 이때의 무(無)는 하나(一)의 마침인 동시에, 하나(一)의 새로운 비롯됨(始)이 시작되는 존재로서의 무(無)이다. 이처럼 지구의 무시일(無始一)인 상태를 일종(一終)으로 인간이 지니게 된 것이 무종일(無終一)이다. 무시일의 시공(時空)에 생겨난 존재가 무종일로 시공을 머금은 존재, 즉 우주적 존재인 신(神)이 된 것이다. 일종(一終)은 무시일에서 시작된 변화와 진화가 마쳐진 것이지, 일시(一始)한 것이 마치는 것이 아니다. 지구적 진화로 인간이 일종(一終)하여 무종일(無終一)하게 되고, 지구는 그대로 운행을 지속한다는 의미이다. 지구가 하나의 인간을 위한 것이 아니기 때문이다. 무종일(無終一)은 무(無)인 상태로 마침이고, 그것은 일시(一始)했던 것과 다른 새로운 하나(一)가 우주에 생겨나는 것이다. 이 '하나의 새로운 무(無)'를 수(數)로 표기하면 지구와 같은 십(十)이 된다. 십(十, 10)은 하나(一, 1)가 무(無, 0)가 된 것이다.

　십(十)인 시공(時空)에서 가능한 진화의 극한(極限)은 십(十)이다. 인간이 십(十)에 다다른 것은, 시공으로만 존재할

　신(神)이 길을 걷는 우주진화(宇宙進化)의 원리(原理), 천부경(天符經)

수 있는 지구와 달라진 것이다. 시공과 존재가 하나인 상태로 자유로운 존재가 된 것이다. 이처럼 시공과 존재가 하나인 상태이기에 우주에서의 존재성이 시공인 별(星)과 다르게 된다. 지구에서의 진화는 시공이 존재를 만들어 그 존재에게 시공을 담아주는 것에 있다. 반면에 우주에서 진화는 존재와 시공이 하나인 대상에게만 가능하다. 별 자체가 우주에서 진화가 불가능한 이유이다. 우주에서의 진화가 가능한 존재가 신(神)이고, 이 때부터는 지구적 진화가 아닌 신(神)으로 우주에서 진화의 길을 걸을 수 있게 된다. 이것이 신(神)이 길을 걷는 우주진화의 원리이다. 무종일(無終一)은 새로운 하나의 존재가 생겨나는 것이 아니라 인중천지일(人中天地一)한 존재가 무(無)로 지속되는 것이다. 구(九)보다 큰 무(無)의 상태를 십(十)이라고 하는 것은, 하나(一, 1)가 마쳐서 다다른 무(無)로 그 자체가 새로운 출발점이 되기 때문이다. 우주에서 십(十)이 우주적 존재로서의 지구를 상징하는 것처럼, 무종일(無終一)의 십(十)은 우주적 존재로서의 인간을 상징한다. 무시일(無始一)과 무종일(無終一)은 모두 비롯됨을 품고 있는 상태이다.

무(無)는 우주와 지구, 만물이 생겨나는 것에 모두 같은 원리로 적용된다. 이것을 천부경(天符經)은 일종무종일(一終無終一)을 통하여 일시무시일(一始無始一)로 생겨난 존재가 지구적 삶에서 우주적 삶으로 진화되는 것으로 표현하고 있다. 인간이 지구라는 시공(時空)과 물질적 한계에서 완전히 벗어난 것이다. 이것이 절대무(絶代無)가 우주와 지구를 만들어 인간을 배태(胚胎)시킨 이유이기 때문이다. 그런 까닭에 천부경이 우주의 목적에 부합(天符)하는 경전, 즉 우주적 진화의 원리를 담고 있는 경전이 될 수 있다. 천부경은 지구가 우주에 존재하게 된 이유가 우주의 진화적 목적을 위한 것임을 설명한다. 우주에서 시공으로써 진화한 지구와 같은 별들은, 인간과 같은 존재들을 진화시켜 우주에 공급하는 공급원으로 만들어진 것이다. 우주에서 일시(一始)하여 일종(一終)시키는 목적을 달성해도 또 다른 일종(一終)을 위하여 지속되는 것으로 알 수 있다.

일종무종일(一終無終一)로 지구는 자궁(子宮)안의 인간을 신(神)으로 우주에 출산했다. 이는 절대무(絶代無)가 우주와 지구를 만든 목적에 부합된 결과이고, 이에 따라 우주에 출산된 인간은 무종일(無終一)의 상태로 우주에서 성숙의 길을 걸어 절대무에 다다르게 될 것이다. 일종(一終)한 인간은 지구와 같은 역할을 행할 수 있다. 그것은 무종일(無終一)로 목적을 달성하여 새롭게 비롯된 존재이기 때문이다. 고로 천부경의 일시무시일은 지구라는 시공에 대한 것이고, 일종무종일은 그 시공 안의 존재가 하늘의 목적에 부합된 것에 관한 것이다. 일시무시일과 일종무종일이 하나로 기능하는 것은 시공과 존재가 하나인 인간, 즉 신(神)만이 가능하다. 그 길을 걸었던 인간이, 인간은 누구나 그것이 가능한 것임을 가르치고자 천부경을 전한 것이다. 이처럼 인간은 그 존재 그대로 새로운 영역에서 다시 비롯될 수 있다. 또는 지구에서 기존의 종교적 신(神)과 같은 신(神)이 될 수도 있다. 이는 지구적 시간이나 관념이 아니라 우주적 시간과 관념을 지녀야 이해가 가능해진다.

천부경(天符經)은 무(無)의 진화과정을 인간의 입장에서 담아 내고 있다. 그 목적은 시공(時空)과 존재가 하나의 상태인 우주와 같은 존재를 만드는 것이다. 일종무종일(一終無終一)은 그런 존재로 출산된 인간이 우주와 같은 크기의 시공과 존재로의 진화를 시작하는 것이다. 이를 위해 우주는 지구를 일시(一始)시킨 것이다. 인간은 마음(心) 외에는 욕심 낼 것이 없는 존재이고, 완전한 마음을 지닌 인간은 밝음 이외의 것에 관심이 없는 이유를 명확히 보여준다. 이를 위해 존재하는 것들과 변화가 사실은 무(無)임을 깨달아야 한다. 본래의 무(無)에는 보이는 것과 보이지 않는 것으로 존재하는 것일 뿐 상대적 관념이 없다. 인간이 그것을 있음과 없음으로 구분 짓고, 우주라는 존재의 복잡성을 나누어 이해하는 것뿐이다. 고로 인간은 상대적 관념으로서의 무(無)에서 벗어나야 부동본(不動本)을 이해할 수 있고, 보여지는 것이나 생(生)의 쓰임에서 자유로워져야 마음을 만들 수 있다. 그래야만 지구가 일시(一始)하여 인간을 일종(一終)하게 하는 이유를 명확히 알게 된다. 그 길을 따라 존재성과 시공에서 자유로운 무종일(無終一)의 인간이 되어 지속하는 존재가 될 수 있다.

천부경(天符經)은 인간이 일종(一終)하여 무종일(無終一)의 상태에 다다르면, 지구적 차원에서 우주적 차원으로 나(我)의 생(生)이 넘어간다고 말한다. 이 길을 부처가 걸었고, 예수와 노자가 걸었다. 천부경은 이 길을 여든한 자만으로 증명함으로써, 그것이 명확한 사실임을 보여준다. 이를 통해 인간의 목적이 신(神)의 길을 걸어가는 것임을 가르치고자 한다. 천부경은 인간이 지구적 인간으로서의 윤회가 아니라 우주적 인간으로 지속되는 삶을 살아가기를 권하고 있다. 천부경으로 신(神)의 길을 가리켜 보여주고, 역경(易經)과 도덕경(道德經)은 그 길에 다리를 놓아주는 마음이다. 일종무종일(一終無終一)은 우주의 목적에 부합하는 새로운 비롯됨을 위한 출발점이다. 인간이 무종일(無終一)에 다다르면, 지구에서 신(神)의 모습으로 다른 인간들의 마침을 도울 수 있다. 또는 우주적 존재로 비롯되는 길을 택하여 우주의 신(神)이 되는 길을 다시 시작할 수도 있다. 신(神)의

 신(神)이 길을 걷는 우주진화(宇宙進化)의 원리(原理), 천부경(天符經)

길을 걸어와서 신(神)으로 걸어가게 되는 것이다. 일종무종일(一終無終一)이 보여주는 끝남과 지속됨으로 이어지는 무(無)의 모습이다.

　우주에서 태양은 지구에게 신(神)이 되고, 지구는 만물에게 신(神)이 된다. 이 두 신(神)이 진화적 고심을 통하여 만들어 낸 것이 인간(人)이다. 여기에서 인간의 인내천(人乃天)적 특별함이 생겨난다. 인간은 우주와 지구라는 두 신(神) 덕분에 스스로 마쳐 신(神)이 될 수 있다. 이것이 절대무(絶代無)가 우주와 지구를 만든 목적이기 때문이다. 이 두 존재의 신성(神性)은 태양에 담겨 있다. 이것은 부모가 자식을 낳고, 그 자식이 새로운 부모가 되어 다시 자식을 낳는 이치와 다르지 않다. 그것이 '인간에서 일어나는가' 또는 '우주나 지구에서 일어나는가'에 따라 달라 보일 뿐이다. 천부경(天符經)은 하늘에서 내려온 사람들이 남긴 것이다. 하늘에서 내려온 환웅(桓雄)과 3,000명의 무리는, 일종무종일(一終無終一)로 우주에서 진화의 길을 걷는 인간들이 존재한다는 것의 상징이다. 또한 하늘에서 내려왔다는 것은 인간에게 그것이 어려운 일이 아님을 알려주고자 함이다. 이를 위한 삶의 모습이 '인간을 널리 이롭게 한다'는 홍익인간(弘益人間)이고, 이 삶을 사는 인간이 '널리 인간을 이롭게 하는 인간'인 홍익인간이다. 고로 홍익인간은 본심(本心)을 지녔거나 인중천지일(人中天地一) 상태의 인간이고, 이들이 살아가는 세상이 이화세계(理化世界)인 것이다. 이것이 하늘에서 내려온 인간들이 자기들의 삶의 모습인 홍익인간과 이화세계로 우주적 밝음의 원리를 보여주고자 천부경을 남긴 이유이다. 천부경은 일시무시일(一始無始一)과 일종무종일(一終無終一)을 활용하여 전하고자 했던, 지구와 인간이 우주에서 살아가는 이야기일 것이다. 일종무종일하여 우주에서 일시무시일의 비롯됨과 연결된다면, 우주와 인간의 새로운 이야기가 나(我)로부터 시작될 것이다. 인간이 곧 하늘이 된 것이다.

 신(神)이 길을 걷는 우주진화(宇宙進化)의 원리(原理), 천부경(天符經)